许家窑石球诞生

早期歌舞乐发展

玉器制作工艺日趋纯熟

原始绘画艺术发展

黑陶诞生

彩陶文化出现

乐舞《大夏》诞生

中华文明史开端

发明用曲酿酒

「酒神文化」繁荣

《商颂》诞生

青铜器出现

甲骨文出现

前21世纪

前1750年—前1500年

约前1600年

前1600年—前1046年

这是混沌未开、物我不分的阶段；这是万物有灵的时代；

这是审美情感不自觉的、与主观想象碰撞的进程。

"神美"隐现

陈炎　主编

廖群　　著

上海古籍出版社

图书在版编目（CIP）数据

神美隐现：史前·夏商卷/陈炎主编；廖群著.
—上海：上海古籍出版社，2017.9
（大美中国）
ISBN 978-7-5325-8530-4

Ⅰ.①神… Ⅱ.①陈…②廖… Ⅲ.①史前文化—文
化史—中国②文化史—中国—夏代③文化史—中国—商代
Ⅳ.①K210.3②K221.03

中国版本图书馆CIP数据核字（2017）第167613号

大美中国　史前·夏商卷

神美隐现

　　陈　炎　主编
　　廖　群　著

上海古籍出版社出版、发行

（上海瑞金二路272号　邮政编码200020）

（1）网址：www. guji. com. cn
（2）E-mail：gujil @ guji. com. cn
（3）易文网网址：www. ewen. co

上海中华商务联合印刷有限公司印刷

开本787×1092　1/32　印张7.625　插页13　字数108,000
2017年9月第1版　2017年9月第1次印刷
印数：1—3,050
ISBN 978-7-5325-8530-4

G·661　定价：38.00元
如有质量问题，请与承印公司联系

前　言

　　华夏人类文明，是从元谋人被发现的两颗牙齿和七件石器起步的。虽然也许从严格的意义上来看，距离华夏文明史的开端，仍还有着近百万年的漫长岁月。

　　在这漫长的岁月里，人类文明处在缓慢发展的孕育期，这期间经历了无数次艰难的成长。中华审美文化，便也在这史前的舞台上奏响了它的第一乐章。

　　这是个混沌未开、物我不分的阶段，这是个万物有灵的时代，这是个审美情感不自觉的与主观想象碰撞的进程。从无意到比较有意，从粗糙到大致精美。

直至公元前21世纪，国家起源的三大标志——文字、金属器和城市，已全备。一个以国家形式和世袭等级为社会特征的时期——夏王朝从此拉开了历史的序幕。作为一代王朝，历时近五百年，传十三世，十六王。华夏文明史也由此展开。

而把华夏审美文化向文明时代大大推进了一步的，却是另一个五百年，取夏而代之的商王朝。商王朝最重要的贡献就是甲骨文字，其笔势完美成熟，形式大致统一，数量上已经有了一定规模，这一切都标示着甲骨文已经是很成熟的文字了。文字的创造和使用，是人类智能进化的一个结果，是人类从被动应付自然向主动发现和利用规律转变的一个证明。

跨过史前阶段而新生的夏商审美文化，仍处于一个起步期，前后因素仍然没有彻底地、清楚地了断，野蛮蒙昧和文明自知还交织不清：一方面，人们已经意识到需要从和自然混沌合一的状态中分化出来，开始意识到自己的力量，控制自然、控制自我的欲望不断增强；另一方面，人们的力量还不强大，无论是物质上，还是精神上都不具备支撑自身寻找达成控制自然、控制自我的途径。神灵观念还萦绕在人们的固有思维中，因此，这是一个巫史活动交织的时代："巫"通过对神施加影响来支配自然，把握自己的命运；"史"用文字记录、分析神意。看起来都是与神相关，但是也不能忽视其中有着人为努力的部分。

总之，这仍是中华审美文化发展的拙稚婴孩时代，但是不能忽略的是审美活动更广泛的开展，审美艺术更加丰富成熟的成果，也是在这个过程中获得的。

目　录

神灵隐现的史前时代

19 65年5月，考古学家在云南元谋发现了两颗古人类的牙齿化石，相伴左右的又有七块经过打磨的石头，这是迄今所公认的中国境内最早留下的直立人的痕迹。真正意义上的人类文化，就以这两颗牙齿和七件石器作为标志，在中国历史的长河中开始了它一步步进化发展的历程。经古地磁测定，这些化石的"绝对"年代距今170±10万年，距公元前二十几个世纪中国文明史的开端，仍还有着近170万年的漫长岁月。

这就是人们通常所说的"史前时代"，比之这一百几十万年的时间跨度，五千年文明历史只能算是一个瞬间。

然而，比起文明时代文化的"瞬息万变"，"史前"又不能不说是人类文化在母体中孜孜孕育、缓慢成形、痛苦降生的一个过程，这期间经历了无数次艰难的"蜕变"。就劳动工具来说，从简单地把石头敲砸出几个尖利的棱角，到把石头打磨得通体光滑，从利用天然石料，到用手把泥土捏成心中所希望的形状，并用火烧制得结实耐用；就人类的群体组织和活动来说，从近乎动物的乱伦杂婚，到血缘内部同辈之间的互为夫妻，从"普那路亚"式族外群婚的母系氏族，到转向男权的父系社会，再到部族间的浴血战争，先人们每走一步，都可能花上几万年甚至几十万年。于是，用考古学家、人类学家和历史学家的术语，从不同的角度，史前便有了诸如旧石器、中石器、新石器（含陶器、玉器）等不同时代的划界，元谋人、蓝田人、北京人、山顶洞人等人类进化阶段的分别，仰韶、龙山、二里沟等各时期各区域文化的确定，以及血缘家庭、母系氏族、父系氏族、部落、部落联盟等社会组织的变迁。人类文化的创造便是在这一步一步的发展中迸出火花的。

中国审美文化，也在这史前的舞台上奏响了它的第一乐章。作为人类文化中一种更多诉诸心理愉悦、形式感觉和情感想象的特殊文化现象，作为人类在实践中逐渐酝酿萌生的意识和创作，审美文化的产生，其上限可能会稍晚于物质文化的出现。以"自然的人化"为界定的广义的文化，可以说是从人类在石头上敲下第一道人为的痕迹就开始了的，而审美文化，却是在人类打击一连串的石器之中或之后发生的。从此，中国人初期的审美文化踪迹，便随着人类文化发展的这层层台阶，留在了史前一代又一代先人所创造的"作品"上。

探讨和梳理史前审美文化，是一件充满困惑却令人着迷神往的事情。"史前"，既是一种以文明国家为分界的社会学概念，更是一个以文字记载为分界的历史概念。作为这个分界点之前的一个时段，史前审美文化的痕迹还不可能用文字记载下来；作为距今太过遥远的一个时代，今天我们也几乎见不到一件从那个时候经世传代的珍品。不过，人类文化既经创造就终有踪迹，史前人类关于美的意识、为了美而付出的心血，其实就"写"在后人从地下挖出来的遗物上。正如有学者不无动情地赞叹："远古文化的繁星是在地下星空里闪烁，并向人们眨眼呢！"[1]那一个个打磨得精细光滑的石球，一件件上了彩的陶器，陶器上绘制的图案，还有雕塑出的各种形象，墓葬中摆放的饰物、乐器等等，都是经久而弥珍的艺术瑰宝，同时也是可供我们探密、破译、发现的符号和消息。

能制造"作品"是人的标志，能用语言思考

和传达，更是人类文化进化的一个结果。史前人类还不会用文字进行记载，却能用语言讲述"故事"；物质实体性的"作品"可以随着时间的风雨卷入地下，默默无语，人类用语言创造的文化，却可以历经数代人的口耳相传，并待文字的出现被记载下来。这就是今人仍能从文献中见到的远古神话和传说。尽管在被写定之前，它们必然一次次挟裹进每个时代的精神内容，但经过层层剥离，也还是能为我们发现史前人类的审美情感和话语，乃至解读那些造型"作品"，提供一个"文本"的。

当然，审美文化的史前期尽管漫长，毕竟一直处在人类思维、意识和感受都还没有成熟的水平上，它始终都还只是人类的幼年时代。混沌未开、物我不分的思维方式，不但决定了史前人类审美活动的"无意"和自在，更为他们所见所闻所造所作的一切事物，赋予了人的"灵魂""感觉"和"意志"，进而叠加上超人的"本事"。因此，这是个万物有灵的时代，又是个崇拜神灵的时代，其不自觉的审美情感，就掺杂在这些主观想象的内容中。这样，史前所涂抹、所捏弄的各种图画和造型，一般看上去似乎并不离奇，有的还很写实，其实却都有着不同于后人的某种"理解"，某种"意味"，都隐现着只有他们才能见到的神的灵光。中国史前审美文化就是这样伴随着人类缓慢进化的历程，凭着先民的双手，带着幼稚的想象，向文明时代逐渐走近的。这期间，它的发展轨迹当然应该是从简单到相对复杂，从无意到比较有意，从粗糙到大致精美，我们这里只要把那些地下发掘的文化遗物按时序——陈列，你就会发现，它们正是这样展开的。

〔 1 〕 晁福林《天玄地黄》第 22 页，巴蜀书社，1990 年版。

1

红色饰物

山顶洞人萌动的审美消息

在元谋人等旧石器时代早期遗迹发现之前，距今约70—20万年的北京人曾是中国最早居住的远古人类的代表，而在发掘北京人头骨化石的周口店龙骨山的顶部，考古学家又挖掘出了一种属于旧石器时代晚期智人的人类遗骸，这就是人们通常所称的山顶洞人。同一座山中的一上一下，北京人和山顶洞人的时距却跨了十几万乃至几十万年。人类这几十万年的时光没有白过，距今1.8万年左右的山顶洞人已经能为我们传达出许多审美文化的消息。

当然，就人类审美意识的孕育来说，远在山顶洞人之前，美的经验和感觉，就已经在慢慢酝酿了。

石器：

美感的孕育

这是一个相当漫长的过程，若从人类留下文化创造遗迹的元谋人开始算起，历时已有一百多万年，占去了史前时代90%以上的时间；这也是一个十分隐蔽的极其不易被人发现的过程，摆在我们面前的"作品"，除了一堆堆冰冷的石器——被原始人当作工具来用的石片、石球等等，再也没有第二种对象。然而，就是这些不会说话的石器，用它们的形制变迁，向我们"讲述"着远古人类是怎样一点点、一滴滴，不断积累着"创作"的经验，摸索着美的规律，又是怎样从中获得欣喜和快慰的。

　　距今一百七十万年左右的元谋人的石器，大致可以看出凹凸不平的刃缘，这是锤击法在上面留下的人工痕迹，当然，这是需要专家鉴定才能看出来的，一般人还很难发现它们与天然石块的区别。把天然石块打制成用于特定目的的工具，哪怕只有几下，却明确宣告了人类的诞生。元谋人已经不会再像动物那样仅凭本能生存，在艰难的适应环境的生命搏击中，他们使足力气让后面的两肢支撑身体，腾出双手，想办法更好地借助外物去获得维持生命的食物。那些用手打制出来的石器，便成了今天我们所能见到的这种努力的第一个证明。人类区别于动物的最根本的因素——思维、意识，也就在这种被逼出来的"想法"中悄悄滋生了。试想，如果不是在多少次的投掷摔打中逐渐意识到"硬""刃"等等性能的作用，他们怎么会想到选择石块，并把它们打制成有棱有角的东西呢？而这种选择，这种对一定形制的朦胧认识，以及用这种认识来对双手的动作加以支配，就是最初的思维内容了。

　　广义地说，元谋人这已经是在有目的地进行创造活动了，只是这种创造还太过简单，相对随意，没有加工，还见不出规律、原则、模式等审美创造所应具备的一些形式要素，更不用说审美所特有的超越功用的情感想象和心理经验了。几十万年后，蓝田人的石器有了二次加工和初步分类的迹象。又过了三四十万年，到了北京人那里，石器明显增加，前后发掘加起来，总共不下十万余件。特别是从中可以见到比较固定的几种类型。薄而锋利的矩形刮削器、坚硬厚重的盘状砍砸器、首尾分明的尖状石锥等等，它们经不同的制作程序和打制方法而成，分别担当着诸如断木、击打、剥皮、挖掘块根等不同的"职责"。样式的分类，意味着人类经过长期实践，思维变得相对复杂了一些，已经有了对物体形式及其特性的认知和感觉，已经能够根据特定需要，有意识地制造不同的工具样式了。从某种程度上说，这也就是在"把本身固有（内在）的标准运用到对象上来创造"〔1〕，即按一定合目的性的规律在进行创造。那么，他们肯定也就会从这种创造中获得目的实现的满足和激动，其兴奋程度，应该是不亚于今人对一件艺术珍品的赞叹的。

被后人发掘出的一千多个石球中，有的直径达100毫米以上，重量超过1 500克；有的直径则在50毫米以下，重量不到50克。

001　许家窑石球

　　距今约十万年的丁村人、许家窑人，除了进一步开掘石器便利、有效的功用形式外，又在它们身上注入了追求整齐、圆满的匠心。在丁村人的一些石片上，可以清楚地看到修理台面的痕迹，他们的小尖状器，有的刃缘就打制得相当平齐。许家窑人的"杰作"则是**石球**（001）。不难想象，这些石球是要派作不同用场的：那大的，用来投掷最合适，其球形可以致远，其重量可使被投掷的动物毙命；那小的，说不定就是"飞石索"上的弹丸了。这些大大小小的石球，通体滚圆，周身布满小石片疤，从这些石疤上，你完全可以"听到"那反复敲砸的"叮当"声。不可否认，他们如此精心制作的第一要义在于好用，但在这一下下一声声的敲打中，你能说他们不也是在按照当时人心目中"美"的样式，动情地"雕刻"着他们的"艺术品"吗？

已经与山顶洞人相距不远的峙峪人，其石制品更是有了长足发展，不但形制复杂，单刮削器就有圆头、盘状、双边刃、单边刃之分；而且出现了复合工具斧形小石刀和用于弓射的小石镞。更值得注意的是，这里还发现了一件穿孔的石墨装饰品，预示着经过百万年的积累，原始人对形式的感觉，即将从单纯的功用，逐渐向审美的层面靠近。

墓葬：

"灵魂"的见证

从以上的追溯中可以看出，远古人类的审美因素是在旧石器时代的长期酝酿中缓慢增长着的。尽管如此，我们仍然要把山顶洞人的文化作为史前审美文化的真正萌芽，仍然要说是他们首先发出了审美的消息，就在于他们是第一次以墓葬形式，是以有了精神活动痕迹的人的"面目"，而不单纯是以古化石的形式，开始与我们"见面"和"对话"的[2]。

山顶洞人的洞穴遗址位于周口店龙骨山的顶部，作为旧石器时代晚期的文化遗存，他们的石器似乎并不典型，就只发现了25件，但在山顶洞人居住的地方，却发现了一根做工精细的骨针。针孔虽已残缺，断孔还分明可见，这是用极小而细坚的尖状器才能挖出来的；针身保存完好，长约八十二毫米，形体纤细微弯，刮磨得十分光滑，一直延伸到又尖又细的针头。若没有一双已经相当灵巧的手，没有相对复杂的工艺，你很难想象能造出如此精巧的"作品"。这应该是同已经成熟的石器制造相伴并生的。

骨针告诉我们的当然不止这些。针是用来穿连的。它首先能让人联想到的就是衣服。当然，把兽皮穿连起来也可以用来搭盖住所，抵御风寒，但对于穴居的山顶洞人来说，骨针更是应该用来缝缀蔽体之物的。从与动物一样的赤身露体，到穿上经过缝制的衣服，人类这是又朝着文明的方向跨进了一步。种种文化遗物、遗风已经表明，人类穿衣最先遮蔽起来的似乎是性器官，这是性禁忌的产物，山顶洞人的骨针是不是在告诉我们，他们已经结束了纯自然的乱交杂婚阶段和最原始的血缘家庭形式，开始实行禁止父母子女通婚的族外群婚了？氏族社会的初步形成，意味着原始文化将超越单纯生产因素的层面，注入社会的、精神的内容和因素。

他们的墓葬是最有力的证明。山顶洞人的洞穴分洞口、上室、下室、下窨四个部分，上室为山顶洞人居住的地方，下室即为掩埋死者的葬地。山顶洞遗址所发现的三具完整的人头骨和部分躯干骨，就静静地躺在这里。不过，他们的身边并不死寂，不但周身和周围都撒满火红的赤铁矿粉，还有许多生前用过的器物、佩带的饰物相陪伴。不难看出，山顶洞人对于掩埋死者，一定是经过一番精心"设计"的。

这是我国迄今所发现的第一座墓葬，又是如此费了心思的一座墓葬。就是这座墓葬，忽然间为我们探寻当时人类的心迹，打开了第一扇窗口。

　　首先，在早先的古人类遗迹中，从未见到掩埋死者的痕迹，为什么到了山顶洞人这里，死者却被如此精心地安置下来，出现了附着随葬品的墓葬形式？最合乎情理的推断只能是，他们已经考虑过肉体和灵魂、生命和病死的问题，并从幼稚的感觉和无知的推理中得出了灵魂不死的结论。

　　灵魂，是后来宗教学所给定的一个概念，最初它在远古人类那里称作什么，我们恐怕永远也不得而知了。但灵魂乃至神灵，又确曾是普遍支配史前人类精神活动的原始宗教观念。在最初生出这种意识的古人那里，它可能只是某种充盈在人的肉体内又可以离开人的肉体而走掉的东西，某种使他的肉体可以活动起来的生命活力，某个与他的肉身不同的另外的"他"。推想起来，当人类的思维开始想到自己、又有太多的不明白时，这种意识的产生并不奇怪。比如，明明是躺下睡觉了，梦中的"我"却总是有一番奇特的游历；再比如，重病时，人已奄奄一息，病好后，却又生气盎然，这些灵、肉"离合"的现象重复多了，一个后人叫做"灵魂"的东西也就慢慢在原始人的头脑中形成了。人类学家泰勒就是从睡眠、做梦、出神、幻觉、疾病、死亡这些生理现象中，最先探讨了原始人灵魂观念的构成的[3]。恩格斯更从这种灵魂的产生，寻绎出远古人的"灵魂不死"观：

> 在远古时代，人们还完全不知道自己身体的构造，并且受梦中景象的影响，于是就产生一种观念：他们的思维和感觉不是他们身体的活动，而是一种独特的、寓于这个身体之中而在人死亡时就离开身体的灵魂的活动……既然灵魂在人死时离开肉体而继续活着，那么就没有任何理由去设想它本身还会死亡；这样就产生了灵魂不死的观念。[4]

灵魂不死，就意味着死者可能还会在另一个世界生活；而这位死者，又是他们氏族的亲密成员，这就需要生者对他加些呵护和关爱，毕竟生与死在当时的人类那里，界限还相当模糊，族人之灵对于生者，是不可能没有影响的。山顶洞人把自己死去的亲人就埋在下室，并做出了一系列生活安排，应该就是他们这种思考的结果。

赤铁矿粉：生命之光

这样一来，那些赤铁矿粉就很意味深长了。为什么要在每位死者的身上和周围，都撒上赤铁矿粉？解释可能会有多种，比如用那种令野兽恐惧的红色保护尸体不受侵害，就是一解。但更合理的解释应该仍与灵魂观念有关。根据泰勒的分析，原始人可能是以最直观的方式，还可能是从死者死去时的情景推论出，那种作为生命力的灵魂大概是从呼吸的鼻孔和流血的伤口中逃走的，灵魂甚至就是呼吸的气息或流通于身体中的血液。[5]赤铁矿粉的红色，恰恰是血液的颜色，这不分明是一种灵魂的或者说是生命的象征吗？

直到这时，真正的审美因素才出现了，尽管它还极其隐微，还混合在原始宗教意识之中。从某种意义上说，审美是一种更偏于主观能动和情感想象的活动，其中包括了审美创造和欣赏。前者是一种合目的创造，后者是主观心理以想象为媒介所获得的情感满足。在山顶洞人这里，赤铁矿粉，红色，已经不再单纯是它本身，还在想象中被赋予了生命的意味，"被赋予了人类（社会）

所独有的符号象征的观念含义"[6]，也就有了审美的意义。

山顶洞人的红色饰物　　当然，更直接一些的"审美"之物还是那些陪伴在死者身旁的装饰品。这也是我国石器时代装饰艺术品的第一次"陈列"。

其中处于最醒目位置上的恐怕要算那七颗小石珠了，它们都散布在死者头骨附近，虽没有被打磨得像今天的珍珠那样滚圆，但大小相近，中心钻有孔眼，显然是为了穿连才下的功夫。不难推想，这本是一串珍贵的头饰，曾被死者天天戴在头上，炫耀着它的美丽。更值得注意的是，它们的表面都是用赤铁矿粉染过的，那被时人最崇尚的通红的颜色，愈加增添了它的魅力。

此外，独具特色的是一枚仅见的穿孔的小砾石，它是用天然椭圆形的微绿色火成岩制成的，两面扁平，一面明显经过人工打磨，光洁平滑，中央对钻成孔，应该也是用来穿绳的。看来这是一种佩带的饰物，用考古学家的话来说，就是"颇像现代妇女胸前佩戴的鸡心"[7]。只独独发现一件，如果不是岁月的淹没，就只能说它在当时也是极其稀有的了。

最明白表示是随葬饰物的，则是那"串"摆放在死者身旁的用兽牙制成的"项链"。比较来说，兽牙体积不大，本身就通体光滑，是天然"雕刻"的佩挂物。在山顶洞出土的141件装饰品中，兽牙制成的饰物也的确占绝大比重，共计125件。它们多是獾、狐、鹿、野狸、小食肉动物的牙齿，一律都在牙根部位的两面对挖成孔，显然是要派上用场的。此外，还有三个海蚶壳、四根鸟骨管、一个鲩鱼眼上骨，也都是钻有孔眼的。不过我们之所以肯定地说它们是用来佩戴的饰物，还在于其中有五枚兽牙，出土时仍可见半圆形的排列。不用说，当年这应该是一串精心摆放在死者身边的项饰了。

现在，我们差不多可以想见山顶洞人的样子了。以衣蔽体，头戴饰物，胸前还佩戴着石坠或兽牙贝壳串在一起的项链。虽说披着兽皮、戴着兽牙看上去仍野性十足，他们毕竟与兽有了明显的区别，这已是一些开始在自己的身体上"作文章"的人了。从他们对物体大小相似的选择、对形体光滑规整的追求、对色彩鲜明的感受等等来看，显然对美的形式已经有了朦胧的理解、爱好，特别是他们已经把这种感受运用到非生产工具的制作上，这才开始向审美迈出了关键的第一步。

当然，山顶洞人还不可能悠闲到完全超功利地进行审美享受的地步，他们之所以花大量心血精心选料、打磨、挖孔、钻眼、穿连，肯定有他们认为必须这样做的理由。也许是用亲手制成的饰物显示手艺的高超？也许是用兽牙的多少标示狩猎的成功？也许还有更多其他的含义？对于后人，恐怕谁也难以准确说出它们了。不过根据山顶洞人墓葬所传达的文化消息，就像第一次把死者掩埋起来，就像在死者身上撒赤铁矿粉，这些石珠、石坠、兽牙、贝壳、骨管，应该也是含有"灵"的意味的。据亲临现场的考古学家介绍，除用做头饰的石珠明显呈露红色以外，"所有装饰品的穿孔，几乎都是红色，好像是它们的穿戴都用赤铁矿染过"[8]。看来，这些装饰物也被用来凝聚生命的血液和灵光了。这并不奇怪，根据人类学家的研究，远古人类一旦产生了灵魂观念，几乎同时也就有了"万物有灵"的观念，毕竟他们才刚刚从动物界分化出来，思维还处于极其低下的阶段，还不可能懂得人与动物的区别，也不了解什么"有机物"与"无机物"的划分，以己推物，身边的山石花木，鱼鸟兽禽，也无不被想象为与人类有同样的思维和感觉。那么，山顶洞人身上佩带的各色物件，既然其表面和穿连的带子都被红色染过，如果说他们这是要从灵物那里更多地获取生命之力，应该不是毫无根据的。

美，最初就是潜藏在这原始巫术的神秘互渗中的。对于原始人来说，还有比这能给他带来生命源泉的红色饰物更让他感到满足和兴奋的吗？

〔1〕　马克思《1844年经济学——哲学手稿》，朱光潜节译，载《美学》第2期
　　　第5页，上海文艺出版社，1980年版。

〔2〕　关于山顶洞人的遗址及文化遗物，参见贾兰坡《"北京人"的故居》中
　　　"山顶洞遗址"部分，第37—41页，北京出版社，1958年版。

〔3〕　《原始文化》第416—442页，上海文艺出版社，1992年版。

〔4〕　《马克思恩格斯选集》第4卷，第219页，人民出版社，1997年版。

〔5〕　泰勒《原始文化》第419—420页，上海文艺出版社，1992年版。

〔6〕　李泽厚《美的历程》第4页，文物出版社，1981年版。

〔7〕　贾兰坡《"北京人"的故居》第41页，北京出版社，1958年版。

〔8〕　贾兰坡《"北京人"的故居》第41页，北京出版社，1958年版。

2 彩陶和饮食
美在生活

大约在公元前7000—前6000年左右的时间里，我国史前人类陆续进入了新石器时代。"新石器"，这是从劳动工具角度所作的历史分期，它与旧石器的区别，就在于不但普遍对石器经过了打磨的处理，还出现了一系列形制各异、功能各别的操作石具。不过若就当时人类所创造的产品或者工艺品来说，最能代表这个时代文化水平的，应该说更是新兴的陶器。几乎在所有新石器时代的文化遗址中，都出土了或多或少的泥陶制品，这就难怪它又常常被人称作陶器时代了。

从某种意义上说，陶器，这才真正是人类所创造的第一件"作品"。许家窑人的石球，山顶洞人的石珠、骨管和兽牙项链，无论多么精雕细刻，毕竟还只是在天然材料上做的加工处理，质地本身的性质并没有发生改变。制陶，却是把原本一堆堆松软的粘土，捏弄成人们所希望的各种形器，又经过火焰的烧制，神奇地造出崭新的制品。当原始人在烧烤食物时无意中发现涂抹的粘土变成了不惧水火的硬壳时，他一定曾为这奇异的变化而惊叹；当他们经过多少次的操作和观察，终于发现这是泥的特质，火的神功，并有意试着烧出一件时，更会有过无限的自豪。从此，他们便把越来越灵巧的双手，越来越聪明的大脑，越来越丰富的审美情趣，用在了制作这最"前沿"、最"时髦"的泥烧器物上。

当然，那时的陶器，大量的还是因为生活的需要而制作的。更准确地说，它们是伴随着原始人类生产水平的相对提高，为了更美的生活而出现的。

种植、畜养与
"口福"之欲

与旧石器时代的纯凭天然赐予不同，新石器时代的人类已经不再单靠采集和狩猎为生，开始进入了农业种植和畜牧饲养的新阶段。

1977年发现于河南新郑县裴李岗的文化遗址，是距今约7500至6900年的新石器早期文化的代表之一。在它出土的石器中，就集中发现了带锯齿的石镰、长条形舌形刃的石铲、带四个柱状足的石磨盘和擀面轴式的磨棒等一系列农作物生产和加工的工具。此外还发现有饲养猪、狗等家畜的痕迹。与此几乎同时的河北磁山文化遗址（距今约7400—7100年），也出土了石斧、石刀、石镰、石铲和石磨盘等农用器具。而且，在磁山的八十多个窖穴中，发现了大量粟米的堆积，有的厚达两米以上。家畜也有猪有狗，还可能驯养了家鸡。[1]

地处长江下游的河姆渡新石器文化遗址（距今约7000—5300年），除扁平长条石锛、穿孔石斧、长方形双孔石刀等石制农具外，更有大量骨耜、少量木耜和舂米木杵等，而在其文化层堆积最下层出土的稻谷遗存，则是世界上目前所见到的最古老的人工栽培稻。至于随处可见的破碎的猪骨和牙齿，只要稍加点联想，就不难"闻"到当年烧煮猪肉时扑鼻的香味。尤其是这里还出土了一件印有长嘴大眼的家猪纹饰的陶钵，另有一个同时刻划着稻穗和猪纹图案的陶盆，堪称稀世珍宝，十分形象地说明了家猪饲养和种植农业的相互伴随。[2]出土于山东胶县三里河的**陶猪鬶**（彩图1），拱嘴，短尾，胖乎乎的，酷似家猪[3]，更足以说明人们对家猪已经达到了相当熟悉的程度。

不消说，懂得了种植和饲养，生活来源的主动权部分地掌握在了自己手中，新石器时代人的日子也好过多了，不必再总是饥一顿饱一顿地生活无着，只要勤奋耕作，再碰上个风调雨顺的好年成，填饱肚子还是有可能的，品尝到美味也是有希望的，加上渔猎仍还是当时生活的重要来源，说不定哪天还可打打"牙祭"，额外美餐一顿。于是，人们对饮食也开始讲究点质量了，用石磨把粟磨成面，用木杵把稻谷舂去皮，不就是想要吃得更细一点、更好一点吗？

"一应俱全"的陶制食器

陶器，正是在这种"美食文化"的背景中应运而生的。

考古学家已经发现，制陶业与农业几乎是同时来到这个世上的"双胞胎"。有制陶术的遗址，一般都有了农业，或者更应该说，凡有农业遗迹的文化，总是有陶制品出土。裴李岗的制陶业就已经有了一定的规模，这里还发现了一座陶窑，窑室是圆形的，前面还有一条火道，显然人们已经懂得了高温烧制的操作技术。磁山、河姆渡，乃至后来更辉煌的仰韶文化遗址，也都是以大量的陶器出品，共同烘托出一个陶器的时代。

　　农业与制陶伴生，这固然是因为刀耕火种、砌灶烹饪加深了人们对土和火的了解，从而为制陶术的产生创造了条件，但农业产品的贮存、加工、烹饪、享用等生活需要，则为它的制作带来了动力。道理很简单，大量的陶器，正是以它经久耐用、耐火耐水、隔潮防腐、易塑多形的特性，用来作为容器、灶具和餐具的。

　　这种需要已经不再粗糙简单，你只要看这些形器的多姿多彩，就不会还以为原始人的生活枯燥乏味。他们是在对美好生活的憧憬中，在对饮食的多种嗜好中，十分用心地塑造着各种食用器具的。他们已经能为你陈列出长长一串大大小小派作各种用场的陶制食器，杯、盘、豆、钵，碗、盆、壶、鬶，罐、缸、瓮、鼎……真是不一而足。就以黄河流域新石器文化为例，裴里岗的圆腹鼎、三足钵、双耳壶、深腹罐、带盖高足豆，磁山的小口长颈罐、圈足罐、圆口盂，大地湾一期文化中的圈足碗、球腹壶、圜底钵，李家村的大口罐、凹底罐、小口杯、平底钵、杯形三足器，老官台的小口鼓腹平底瓮等等，在这些仰韶文化之前的早期新石器文化遗存中，食具的形制差不多已是一应俱全。

到了新石器时代中期以后的整个仰韶文化时代（距今约7000—5000年），陶制食具更是空前繁盛，其形制愈加丰富，其中在西安半坡遗址出土的五十多万件陶器、陶片中，生活用具多种多样，仅陶罐就有23型45式[4]，如果不是对饮食蒸煮烧烤的多种讲究，怎么会有如此细致的器具分工？

一般来说，碗盛饭、盘装菜、豆放肉、钵盛汤，食具的多姿多彩，其实折射了食物烹饪的多滋多味。从陶器时代这让人叹为观止的种种彩陶器皿，不难推想和明了，原来这时的先人就已经在努力创造有滋有味的生活。根据迄今所发现的这个时期的种种遗迹，我们不妨设想这样一幅陶器时代人的用餐图：收获后，他们会把舂好的米或磨好的面储藏到鼓腹平底的大陶瓮中，为的是多时后还能尝到新米新面的清香味；动炊时，把米、面装到敞口浅腹盆里，用**小口尖底瓶**（彩图2）到河边汲来清清的河水，和面、兑米，再装进圜底釜、盆形甑或釜形鼎，加火煮熟蒸好，热气腾腾的米饭面食可用大口斜腹平底碗端到石桌（板）上，已经炖好的猪肉汤正在三足钵里飘着浓浓的香味。如果今天是个好日子，旁边可能还有用高足折腹镂孔豆盛着的烧烤的野味（可以有斑鹿、羚羊、野兔、狸、貉、獾），盘中可以有捕获的鱼、家养的鸡、芥菜和葫芦，小碗里还可能有采集来的核桃、薏仁、枣、干果……

彩陶："美化"饮食生活

更值得注意的是，进入仰韶时代的人们，还开始普遍在陶制食器上着上绚丽的色彩、纹饰，从而创造出辉煌的彩陶文化，更让人感到他们对美的生活的盎然兴致。

彩陶最早出现于大地湾一期文化中（距今约7800—7350年），只是在部分钵的口沿上绘出紫红色宽带纹，罐和碗的口沿则多绘成锯齿状。进入仰韶文化时期，陶器开始通体着色，基调便是自山顶洞人以来便十分崇尚的红色，不过又增加了纹饰的色彩。早期以红底黑彩为主，后期往往在彩绘部分先裹上一层白衣，再施以黑、黄、紫等色彩，从而形成了双色或多色的图案。彩绘主要着在器物外端的口部和腹部，一些大型的敞口器物如浅底盆等，则在内部也施彩。从此，形制各异的食具便多是彩陶制品了，诸如西安半坡的鱼纹彩陶盆、临潼姜寨的蛙鱼纹彩陶盆、宝鸡北首岭的船形彩陶壶、庙底沟的圆点曲线彩陶盆、郑州大河村的白衣彩陶钵和彩陶双连壶、特别是作为甘肃仰韶文化代表的马家窑遗址中出土的提梁彩陶罐、蛙蚊彩陶瓮、**旋涡纹四系彩陶罐**（彩图3）、中心圆彩陶盆等等，都以鲜明的图案、热烈的色彩，烘托着红火的饮食生活。

难怪后来春秋时代最早的美论也会谈到"五味"，再往后更有那么多"滋味说""韵味说"，中国人对饮食美的感觉从陶器时代就有了这么明显的表现！

〔1〕　参见《中国大百科全书·考古学》第208—209页，中国大百科全书出版
　　　社，1986年版。
〔2〕　参见《中国大百科全书·考古学》第188—189页，中国大百科全书出版
　　　社，1986年版。
〔3〕　参见《简明中国文物辞典》第31页，福建人民出版社，1991年版。
〔4〕　《中华文明史》第1卷，第255页，河北教育出版社，1989年版。

3

鱼、蛙、鸟

绘饰刻划中的生殖意象

　　彩陶文化的繁荣，在美化饮食生活的同时，也带来了原始绘画艺术的发展。新石器时代的大量绘饰，就都留在了陶器制品的壁身上。虽说这里的刻划大多还相当稚拙，但其中反复出现的相对集中的纹饰和图案，却以其神秘的原始意味，让你咀嚼不尽。

人面鱼纹图的符号化

在西安半坡村的仰韶文化遗址中，有一种画在彩陶盆内壁上的**人面鱼纹**（彩图4），无疑是最引人入胜的绘画珍品，也是最让人说不尽的文化符号[1]。

无独有偶，在临潼姜寨遗址的文化遗存中，也发现了几乎相同的人面鱼纹彩陶盆，除了人面眼睛画出了轮廓、两耳旁的饰物变成了朝上翻翘的羽状物外，其他部分，包括下方单画的整鱼，都历历可见，不仔细观看，还会以为它们是同一件作品呢[2]！

看来，人面鱼纹图曾是仰韶文化绘画中普遍流行的一个母题。从绘画的线条、统一的形制看，似乎已更多带有图案化、符号化意味。先人们肯定想用他们的绘制，表达某种心愿或意念。

根据仰韶人多临水而居、渔猎仍为重要生活来源的情况，这幅画面很容易让人推想到这是当时捕鱼、食鱼生活的反映。然而细细推敲，就会发现事情并不如此简单。在整个图案中，似乎鱼占着更多的画面，或者说鱼包围了人面。鱼形或鱼的变形是在人面的顶部、两眼旁和两颊旁，而并不在人面的嘴中；鱼是全身的，人面却只有图案化的圆形标示出头的轮廓。所以说它最多能显示出时人以鱼为装饰的情形，甚至可以说它更是鱼的精灵的形象显示。

　　还有一个更重要的情况就是，人面鱼纹图案无论是在半坡还是在姜寨，都不是画在一般的陶器上的，它们只见于一种浅底有孔的彩陶盆上，而这种陶盆都只有一个特殊的用处，这就是作为埋葬小孩的瓮棺上的盖子。瓮棺葬曾是仰韶文化中普遍实行过的一种葬式，即专门用瓮作为葬具来埋葬夭折的儿童，它的最突出的特点就是在每个瓮棺的盖子底部都留有一个小孔，对此，专家们已基本认同，这是作为死者灵魂的出入口而设置的[3]。山顶洞人赤铁矿粉所传达出的灵魂观念，在这里获得了遥远的回应。

鱼、蛙、鸟：

彩陶纹饰的中心母题

看来，人面鱼纹的答案，只能从远古神灵巫术意识的角度来思考了。这需要对当时人的意识活动，做出更广泛的考察。而就当时的文化遗留来说，最能折射人的思维的，仍还只有刻划和图画。

仰韶文化的绘画中，特别是在以半坡为代表的黄河流域仰韶文化遗迹中，鱼无疑是经常出现的母题。除了特殊的人面鱼纹彩陶盆，半坡出土最多的就是鱼纹彩陶盆。这种盆器表都有红色陶衣，鱼的图案多用黑彩绘于盆外壁的腹部，有单体、双体或变体多种。但是，鱼并不是唯一多见的母题。鱼之外，还有蛙和鸟，也时时出现在时人的画笔下。马家窑文化遗址出土的**蛙纹彩陶瓮**（彩图5），虽已极富于图案装饰化，但蛙的四肢、爪的五指却还是分明可见的。它如出土于甘肃秦安大地湾遗址的彩陶瓶绘卧蛙纹、出土于青海乐都柳湾的彩陶瓮六肢蛙纹，还有出土于陕西华县泉护村的**鸟纹彩陶钵**（彩图6），也都显示了这种共同的绘画趣尚。更有趣的是，这些鱼、蛙、鸟有时还被画在同一件器物上。姜寨出土的**蛙鱼纹彩陶盆**（彩图7），内壁上就绘有两组对称的蛙纹和鱼纹，蛙形比较写实，身上画有斑点，两眼用大圆点表示，四足屈伸，像是正往盆壁上爬着；

鱼则是每组一对，已经有些图案化。另外，这里还出土了一件鱼鸟纹彩陶葫芦瓶，则是以实写与虚写相结合的方式，把鱼和鸟巧妙地结构在一个画面中[4]。

当然，就陶器彩绘来说，更多见的还是几何形图案花纹，即那些千姿百态的曲线、直线、水纹、旋涡纹、三角形、锯齿纹等等。不过，更准确地说，应该是整个彩陶绘画经历了从具体到抽象、从形象到图案装饰的一般过程，后期更多见几何样纹饰，形成了所谓"有意味的形式"。对于这些形式背后的"意味"，尽管解说各异，但已有不少学者发现，其中最常见的几种实际正是**鱼、蛙、鸟**（002）不断抽象演化的结果。鱼不断被拉直后多变为直线形或扁菱形、三角形，蛙身、蛙肢的不同强化会分别变成回旋纹和锯齿纹；鸟首鸟尾的卷翘则变成螺旋纹。[5]

这样看来，鱼、蛙、鸟，的确占据了整个彩陶文化的中心画面！如果不是出于全心全意的情感认同，原始人怎么会把这么多笔墨，都用在这些动物的图描绘画上呢。

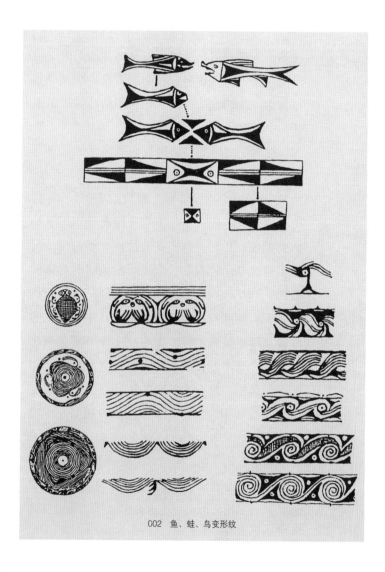

002　鱼、蛙、鸟变形纹

卵与生殖意象

说到认同，流传下来的远古神话提供的最可靠信息，是后来殷人对鸟的"归宗"和"认祖"。他们说自己的始祖是简狄吞了鸟蛋后孕育而生的（《吕氏春秋·音初》），于是，鸟便成了他们始祖的始祖，"天命玄鸟，降而生商"，就是《商颂·玄鸟》中唱的歌词。在这个生殖的故事里，中心意象显然是鸟的蛋。其实，蛋或卵与生殖连在一起的神话远不止于此，不过有的已经有些变形罢了。后代周人的始祖神话诗《生民》，说他们的女祖姜嫄踩到"帝"的脚印拇趾处而怀孕，十月怀胎，一朝分娩，生下来的却胞衣不破，是个"不坼不副（pì）"的肉蛋蛋！而且，几经抛弃，都也不破，唯最后经过大鸟的"覆翼"，一个新生命才洪亮地发出了向世界报到的第一声啼哭，正所谓"鸟乃去矣，后稷呱矣，实覃实吁，厥声载路"（《诗经·大雅·生民》）。高句丽人的始祖诞生故事更直接说他们的女祖感日光所生之物为一大卵，割剖不破，"以物裹之置于暖处"后方有一男子破壳而出（《魏书·高句丽传》），似乎正可为后稷始生胞衣不破的奇异之处做个注脚。它们虽与简狄吞卵有诸多不同，究其根底，其实同样讲的是卵生故事。

当然，关于人的生殖，最著名的还要算是女娲抟土造人的神话传说了。在这个传说中，女娲面对的是一个了无人烟的荒漠世界。于是她便"抟黄土作人"，后因一个个抟弄过于繁忙，只好用绳蘸泥，甩出一个个泥点……[6]这的确是一个不可思议的神奇故事，引来多少对黄土变人说的推原和探究。其实，这里面有一点倒更是值得注意的，这就是讲述者特意用了一个"抟"字。"抟"，《说文》曰"以手圜之也"。原来，女娲造人的方法，就是把黄土抟成一个个圆圆的泥蛋，而那些泥点点，只不过是些缩小的泥蛋罢了。

当然，这些神话、传说、故事，就我们所能知道的流传时代特别是写定时代，距这创作鱼、蛙、鸟母题意象的陶器时代已经又过了相当漫长的岁月，但它们的情节内核，诸如感物而生，只知其母，未知其父，还有泥土作人，恰恰是这个文化的产物。而它们变来变去，其实又都在讲述着一个共同的母题，这就是蛋、卵与生殖的神秘关系！

蛋卵，正是打开陶器时代绘画意象之谜的金钥匙。试想，能把鱼、蛙、鸟这些看似极不相干的动物联系在一起的，除了它们正好都是繁殖力极强的卵生动物，还能是什么呢？这样，我们就完全有理由推断，陶器时代这些反复出现的鱼、蛙、鸟，映现的乃是时人关于生殖的思考和企盼。因此，尽管从直观的角度讲，"形式"之中的"意味"是不可言传的，但是，从文化的角度上讲，"形式"背后的"意味"还是可以破译的。

与农业种植和家畜饲养相伴随的陶器时代，为人类关于生殖的思考创造了条件和需要。种植，使他们不再只见到果实，而开始发现种子的神奇。1979年发现于江苏连云港银屏山、经断代属于新石器时代的将军崖岩画中，有一幅**稷神崇拜图**（彩图8），在一簇簇禾苗上，刻划着一个个圆圆的人面[7]，显然是植物之灵的标示。人们这是在通过对植物之灵的崇拜，祈祷庄稼的增殖。家畜饲养和养殖，更使他们直接发现了许多活动着的生命的来源。鸡子、鸟蛋、鱼子、蛙卵……还有植物的种子，这么多可以生长变化的生命，不都孕育在圆圆团团的蛋卵中吗？这一点还可以从鸟纹演化图得到证实。在仰韶文化彩陶盆中，有一种由鸟形演化而来的角形卷曲纹饰，其中都突出有用深色涂实的大大小小的圆点，庙底沟的彩陶盆、大河村的白衣彩陶盆，就都是如此。另外，上面提到的几何纹饰，注意看鸟纹饰一组，也无不有圈圈点点隐在其中。对此，已有学者从后来的日鸟神话着眼，想到了圆圆的太阳和月亮[8]，其实，就以上种种文化迹象来看，把它们理解为鸟卵，岂不更直接一些和统一一些吗？如果再注意一下姜寨出土的鱼鸟纹彩陶葫芦瓶，相互"对视"的两鱼中间也涂有大小不一的圆卵之状，而鱼又与太阳或月亮了不相干，这些圈圈点点与蛋卵的意味恐怕就更为接近了。

将军崖的稷神，还有半坡、姜寨的鱼纹精灵，都要刻划上有目有口的人的面孔，最典型不过地显示了原始思维中以己推物、万物有灵的意识和观念，也见出了时人尚处在混沌未开、物我不分、互感互动的文化氛围中。在一些重要的器物上尽情刻划上生殖力旺盛的鱼、蛙、鸟，你很难具体分出他们这是在祈祷粟黍稻谷的丰收、渔猎养殖物的收获还是人丁的兴旺，这原本都是他们的希望；而且，在他们的物我交感观念中，这些刻划也是可以同时起到促进各种增殖的作用的。不过有一点倒是可以明确一些的，这就是那些专门在埋葬儿童的瓮棺盖上画的人面鱼纹图，现在看来，显然是在祈望子嗣的再生和多生了。

原来，正是内里隐含的生殖希望，才使这些看似稚拙的鱼、蛙、鸟，乃至线、点、圈，成为当时最具魅力的审美意象的。

〔1〕　参见《中国大百科全书·美术》,彩图插页第57页,中国大百科全书出版社,1990年版。

〔2〕　参见《中国大百科全书·考古学》,彩图插页第8页,中国大百科全书出版社,1986年版。

〔3〕　参见《中国大百科全书·考古学》,第599页,中国大百科全书出版社,1986年。另,泰勒提到古代的易洛魁人即在墓中留下小孔,以便让逗留不去的灵魂能够出来,见《原始文化》第439页,上海文艺出版社,1992年版。

〔4〕　参见《中国大百科全书·考古学》,彩图插页第9页,中国大百科全书出版社,1986年版。

〔5〕　参见李泽厚《美的历程》第17—25页,文物出版社,1981年版。

〔6〕　《太平御览》卷78引《风俗通义》。

〔7〕　参见《简明中国文物辞典》第36页,福建人民出版社,1991年版。

〔8〕　如严文明,见《甘肃彩陶的源流》,《文物》1978年第10期。

4

图腾舞与母神像

母系氏族的偶像崇拜

关于陶器绘饰中普遍出现的母题鱼、蛙、鸟，还有一种说法，这就是它们是当时氏族图腾的标志或显示，这一点，河南临汝阎村仰韶文化遗址出土的一件**鹳衔鱼纹彩陶缸**（彩图9），可谓最好的说明。说起来，鱼、蛙、鸟纹同在一器的情况并不罕见，这幅图的独特之处在于鱼挂在了鸟的嘴上，而非各不相干地画在一起。对此，已经有学者指出，这可能是以鸟为图腾的氏族合并了以鱼为图腾的氏族的标示，斧头则是氏族首领权力的象征[1]。应该说，对于远古的意象来说，任何说法都只能算是一种猜测，一种解读，谁都不能肯定哪一种是标准答案。不过，就这幅画面而言，除了从图腾的角度加以分析，似乎还找不到更好的解说。只不过就当时的背景而言，这种"合并"，或者更是两个氏族互为"普那路亚"婚的象征（详后）；鸟氏族与鱼氏族两个氏族互相通婚、结合。这么说来，前面提到的鱼、蛙、鸟同在一器的彩陶绘画如蛙鱼纹彩陶盆、鱼鸟纹彩陶葫芦瓶，或许也是这个意味。

图腾与母系社会

作为图腾标志，与作为生殖象征并不矛盾，图腾正是因生殖的意义才与人类发生关系的，换句话说，对这些生殖力强的生物中的某一种作血缘上的始祖认同，这就有了图腾了。"图腾"，原为美洲印第安人的方言"totem"，意为"他的亲族"，即指认某一种动物、植物甚至一般的自然物与自己的氏族有血缘关系，以这种生物作为自己氏族的来源，并以此来命名[2]。图腾，是人类诸生活群体分别寻找自己的共同根源的结果，其出现本身，就意味着一个个氏族组织的建立；而这个根源之所以找到的是自然物，人之所以甘愿向自然物"攀亲""认祖"，这一方面是"万物有灵"时代物我不分意识的表现；另一方面也说明了人类还远不了解生育之谜，不了解男性的生殖作用，便误以为女祖是感应了某种生殖之物而有身。鱼子、蝌蚪、"蛋生鸡"之类的现象是最直接的启发。因此，不管图腾现象后来延续到什么时代，就产生来说，它只能是以群婚为其特征的"只知其母、不知其父"的母系氏族社会的伴生物。

旧石器时代后期到新石器时代前、中期，中国史前人类相继进入了母系氏族社会，山顶洞人缝制衣物，把自己的性器官遮掩起来，就意味着血缘家庭内乱婚的禁止，开始实行族外群婚，即不同血族的互为班辈婚（即所谓"普那

路亚"婚）。进入新石器时代之后的文化遗址
中，母系氏族社会的迹象更加明显。在裴里岗发
掘了一片墓地，共有114座墓葬[3]，均是长方形
的竖穴墓，排列密集而有序，墓葬都有一定的方
向，这种整齐的墓地只能是由一个统一的氏族精
心安排的。墓葬多是单人仰身直肢葬，也有个别
的双人葬，却是同性合葬，显然还没有出现男女
之间的婚姻家庭关系。还有迄今所发现的最大的
仰韶文化聚落典型姜寨遗址，分为居住区、烧陶
窑场和墓地三部分，居住区西南以临河为天然屏
障，东、南、北三面有人工壕沟环绕。内有中心
广场，周围分布着一百多座房子，分为五群。每
个建筑群以一座大房子为主体，还包括十几座或
二十几座中小型房屋，门均朝向中心广场。大房
子两边都是土台子，可以睡20到30人，中型房
子两边也有土台子，每边能睡四到五人。小型房
子很小，只能容纳两个成年人。这样一个村落遗
址，代表了母系氏族社会繁荣期的社会结构。婚
姻形式实行族外群婚基础上的对偶婚，男女双方
没有固定的婚姻关系（每人都可以有许多性伙
伴），也没有经济上的联系，都还属于自己的氏

族。常常是日落时男方到女方处居住，日出后还回到自己的氏族劳动。子女由母亲抚养，只认其母，不知其父。一个家族以一个老母亲为核心，几个姐妹家族结合成一个氏族，几个有血缘关系的氏族形成胞族[4]。借助民族学、人类学的资料（如我国云南永宁纳西族的母系氏族公社遗风），大体可知这座遗址中的大型房子当年可能是氏族的公房，是各家的成年男子平时住的地方，也是召开氏族会议的地方。中型房子是老母亲带着未成年的子孙居住的地方，也是一个家族聚会、吃饭的场所。小型房子是婚龄妇女的房子，她们在这里接待自己的男友。居住区外的公共墓地，主要为单人一次葬，少数为单人或数人二次葬，死者绝大多数头朝西，普遍有数量不多的随葬品。可见这时人人平等，尚没有特殊的财产所有。此外，在另一座仰韶文化遗址华县泉护村，还发现一座老年妇女墓，其中随葬有一件体形较大的黑陶鹗鼎，又称**鹰鼎**（003）。该墓附近无其他墓葬，似乎死者在氏族中有些特殊地位，可能是母系氏族的首领[5]。而在华县元君庙仰韶文化墓地，除一部分单人墓外，还发现有28座多人合葬

003　鹰鼎
（陕西华县泉护村出土）

墓，其中有的兼有一次葬与二次葬，如"M440合葬十一人。骨骼基本上沿一南北直线取齐"。其中一人为五十岁左右的女性，一人为二十五岁左右的女性，皆为一次葬，其他则为二次葬。据考古学家分析，五十岁左右的女性是二十五岁左右女性的长辈，"她俩同穴并列埋葬本身，就说明了家族的母系性质"，其他先后死亡的本家族成员被迁来二次葬，与老年女性合葬，正反映了"这位老年妇女在家族中居于本位的情况"〔6〕。

地下的布局折射的是地上的情形。当年的地上正展开着一种以女性血缘为纽带的氏族群体的生活。在这种文化中，每个氏族成员与自己的氏族组织休戚与共，氏族群体的情感在时人心目中占有绝对地位，而那给氏族带来血脉、带来生命、带来世世代代绵延不绝的生殖之力的图腾和母亲，自然成了他们最崇拜的对象。他们会用歌用舞用雕刻绘画和衷心的祝祷，表达心中最强烈的感戴和祈福。

舞蹈纹彩陶盆：

图腾舞与歌舞的起源

1973年，在青海大通上孙家寨出土了一件十分珍贵的马家窑仰韶文化遗物，这就是**舞蹈彩纹陶盆**（彩图10）。从画面看，舞蹈者们正手牵着手，翩翩起舞。她们步伐十分一致，发辫也随着头的摆动朝着一个方向微微翘起。而最有意味的是，在舞蹈者跳跃着的两腿中间，又多出了一条黑线。对此，有不少学者猜测这是动物的尾饰[7]。原来，这里上演的是一出"化装舞会"，人们正扮成动物的模样在舞蹈和歌唱呢。

不用说，这些舞蹈者所扮演的是与他们息息相关的动物形象，也就是他们的图腾形象。其实，说"扮演"，这只是今人的视角，就图腾氏族成员们来说，他们这是身着自己氏族特有的图腾装束，用热烈的图腾舞姿和歌声，表达对自己想象中的始祖——图腾的亲切认同和殷切祝祷。

这种图腾舞，在后代的追忆中也有反映，《吕氏春秋·古乐篇》提到的"葛天氏之乐"，就是"三人操牛尾，投足以歌八阕"。而在这八段歌舞中，一曰"载民"，二曰"玄鸟"，就很有可能是在表演氏族诞生的图腾神话和故事。

分析起来，在审美文化现象中，音乐、舞蹈应该是起源最早的艺术形式之一，如果从人类最初出于本能地宣泄情感、不自觉地表现性的吸引算起，远在人类语言诞生之前，就肯定有"啊、啊"的歌唱了，为某一次"食、色"的满足而兴奋得"手之舞之足之蹈之"的情形也是常有的，但这种简单的本能宣泄是动物界也有的，鸟类就会用美丽的歌喉和动人的舞姿引起"异性"的注意。真正属于人类审美文化的、作为社会"产品"而存在的歌和舞，就迄今所知的材料来看，在其产生之初，都无不倾注了氏族情感和原始宗教意义，图腾舞，应该就是这种上演最频繁的"节目"。毕竟，时人以氏族为本位，而图腾，又是想象中最能给氏族带来增殖、同时也就带来希望和幸福的神异之物。

**陶埙、骨笛与
"笙者生也"**

一般来说，早期音乐都是歌乐舞的"同台献艺"，有舞必有歌，有歌多有乐。可惜，岁月如烟，舞姿还有幸赖舞蹈盆之类传神的绘画得以展现，乐声和歌声却永远湮没在遥远的年代，这就是"空间艺术"与"时间艺术"的差异所在了。不过，当年音乐的载体或工具——乐器，作为一种物质的实体，有些还是经得起时间的"考验"的。河南舞阳贾湖遗址墓葬中就发现有距今8000年左右的骨笛十多件，都是用大鸟翅骨或腿骨截去两端骨节制成，上面多钻有七个音孔，已能吹出五声和七声音阶。距今7000—5000年左右的浙江余姚河姆渡遗址中，则出土有一百六十多件骨哨，也多是截取禽类动物的肢骨制成，两头直通，一侧挖有圆孔，吹奏时靠牵动骨腔中的骨棒或手指的一按一放发出不同的声音。更值得注意的是，河姆渡还出土了一件陶埙，距今约6900年，是迄今所知年代最早的埙，全身呈蛋卵形，头上有一个吹孔，轻轻吹之，声音幽远。而且，与此大致相同的埙在郑州大河村、西安半坡村等许多遗址也有出土，这应该是当时人们最常使用的陶制乐器了。[8] 此外，山东莒县大米村还出土了距今5000年左右的**陶号角**（004），青海民和阳山还出土有距今约4500年的彩陶鼓，它们虽年代略晚一些，但和舞蹈彩陶盆正好时间相当，也不妨一同用来想象当年埙笛悠扬、鼓号铿锵的伴奏效果了。

有意思的是，关于乐器的传说也正好与生殖有关，而且发明者不是别人，恰恰就是始生了人类的女娲。相传女娲"抟土"造人后，为了让人类自己繁衍生息，便又发明了"笙"（《世本》："女娲作笙簧。"）。"笙"者，"生"也。或许是不易保存的缘故，早期竹制的笙、笛等乐器还不曾

004 陶号角
（山东莒县大米村出土）

发现，但人类能制成骨笛、陶埙，就完全可能使
用过笙笛。更重要的是，这个说法传达出了一个
基本信息，这就是音乐发生与生殖主题的关系。

泥陶女像与母性崇拜

其实，根据"简狄吞卵"之类的感
生神话，可以想象在表现图腾崇拜
的歌舞中，应该就混合着对母亲的
礼赞；不过史前人类还为我们留下
了更明白的崇拜母亲生殖力的证明，这就是刻划和雕塑。

在考古发掘中，有这样一个耐人寻味的事实，即所有出土的母系氏族阶段的文化遗物，凡是人面雕像，乃至器物塑像，几乎全部为女性。如甘肃天水柴家坪仰韶文化遗址出土的**陶塑人面像**（005），由于颈部以下残缺，好像没有明显可资判断性别的依据，但人面修眉细眼，脸庞平滑清秀，双耳还有系耳饰的小孔，应该肯定是一育龄期女子。还有属于仰韶文化晚期的**饰珠陶人头像**（006），面目姣好，头上戴着一串漂亮的珠子，也是女性无疑。

更有意思的是，这些陶人女头像多是作为圆腹型的瓶、壶、瓮的器口和盖子雕刻出来的。其中大地湾出土的距今约5500年的**人头形器口彩陶瓶**[9]（彩图11），称得上是最典型也最精美的一件。史前人类对于孕育生命、繁衍生息的渴望，就这样全部"写"在了这个以女子头像为标示的圆鼓的陶瓶上。如果再联系到时人用陶器贮藏的恰恰是植物的果实和种子（发掘西安半坡遗址的考古学家指出，"在一座房子下面发现了一个小陶罐，罐中保存着完好的种子皮壳"。"最小

005　陶塑人面像
（甘肃天水柴家坪出土）

006　饰珠陶人头像
（甘肃礼县高寺头村出土）

的象储藏种子的小口罐，类似拳头那么大，我们
发现保存很好的粟粒和菜籽，就是在这种小罐中
保存起来的。")[10]，你就会更加惊奇地发现，这
个陶瓶的意味还不止于此。在时人万物有灵、神
秘互感的"哲学"里，母亲的生殖力是既能施于
人，也能施于物的。所以，当那圆鼓的陶瓶里装
满植物的种子时（该陶瓶平底，无两耳，非汲水
器，似西安半坡小口罐），你是很难分清这个极
富孕育之美的形象究竟是人母还是地母。在原始
人的想象中，它本来就是既可以用植物的丰产促
进人的增殖，又可以用人的增殖促进植物的丰产
的。这样看来，与其说这是一个实用的陶瓶，毋
宁说这更是一件精心创作的艺术品，起码，它也
应该更是出于原始宗教的神秘意义和操作需要而
制作的。原始先民们那种幼稚而又寓意不尽的想
象力，在这里得到了绝好的展示。

　　比起黄河上游仰韶文化这种模拟类比型的表
达方式，位于我国东北部红山文化遗址中的女神
像和**裸体孕妇像**[11]（007），则是以完整而夸张的
人体雕像，更加直白也更臻于极致地表现了生殖
崇拜的意味。

007　红山文化裸体孕妇像
（辽宁喀左东山嘴出土）

　　裸体孕妇像共有两件，发现于辽宁喀左县东山嘴一处大型石砌祭坛遗址中，距今约五千多年，其文化相当于黄河流域的仰韶文化时代。孕妇为全身裸体陶塑，头、右臂、脚惜已残缺，但身体尚属完整，大体可见其一为倚坐、一为站立的姿态。整个形象最引人注目的是那圆鼓的腹部，人物左手都"满足"地扶在上面，似乎"露出"孕妇特有的骄傲神情。下体明显刻着妇女的性器官，肥硕的双腿和臀部也极其富于女性特征。两件陶塑形制都不大，残高分别为5厘米和6.8厘米，应该是时人摆放在祭坛用于祈求多子多福的生育女神像。根据与小型孕妇像一同出土的人体残块，可知这个祭坛上还有大型盘膝坐式人物雕像，可惜已不能复原。

这个缺失恰恰被相距只有50公里的大体同时的牛河梁遗址的文物出土补足了。牛河梁发现的泥塑残块，以人物像为主，从身体残块的圆润线条和肉质感来看，全部为女性。可以肯定，这里曾是一座大型女神庙，奉祀过多尊体态不同的女神，据残存的耳、鼻推测，一般的塑像大致与真人相当，最大的则达到了真人体高的3倍；再从所获的肩、臂、手、乳房等部位的残块判断，这些女神全部为裸体坐姿像。更值得庆幸的是，在祭坛的主室，发现了其中一件中等大小的基本完好的**彩塑人头面像**（彩图12）。

东山嘴的石砌祭坛和牛河梁的女神庙，是我国迄今所发现的最早的史前人类祭祀活动的遗迹之一，而在这神圣的殿堂上，被人无限崇敬和膜拜的，竟全部为女性。这正是母系氏族时代特有的审美文化征象。女子，特别是怀有身孕的女子，就是当时人们心目中最美的偶像。

　　有人认为这里是我国东部地区最原始的祭社遗址。社神即地母神，有生殖五谷的功能，祭社活动在某种意义上就是崇拜土地的生殖力[12]。这样说来，女神像，包括若干孕妇陶塑，实际上就是地母神的塑造了。其实，正像人头形器口彩陶瓶所蕴含的不尽意味一样，女神庙中的祭祀也应是双向互渗的，既是祈求土地的生殖力，也是祈求人的生殖力，也正是在这双重的意义上，女神才更加具有摄人的魅力！

〔1〕　　严文明《〈鹳鱼石斧图〉跋》,《文物》1981年第12期。

〔2〕　　参见吕大吉主编《宗教学通论》第355页,中国社会科学出版社,1989年版。

〔3〕　　参见《中国大百科全书·考古学》第209页,中国大百科全书出版社,1986年版。

〔4〕　　参见《中华文明史》第1卷,第24—25页,河北教育出版社,1989年版。

〔5〕　　同上,第236页。

〔6〕　　北京大学历史系考古研究室《元君庙仰韶墓地》第75页,文物出版社,1983年版。

〔7〕　　如李泽厚转引《文物》1978年第3期发表的《青海大通县上孙家寨出土的舞蹈纹彩陶盆》,见《美的历程》第14页,文物出版社,1981年;李浴《中国美术史纲》上卷第35页,辽宁美术出版社,1984年版。

〔8〕　　参见晁福林《天玄地黄》第69页,巴蜀书社,1989年版。

〔9〕　　参见《中国大百科全书·考古学》,彩图插页第10页,中国大百科全书出版社,1986年版。

〔10〕　　见《西安半坡》第58页、第62页,文物出版社,1982年版。

〔11〕　　参见《辽宁牛河梁红山文化"女神庙"与积石冢群发掘简报》,《文物》1986年第8期。

〔12〕　　如张星德《红山文化女神像与史前宗教中的土地神》,《社会科学辑刊》1996年第2期。

5

兽面纹玉琮

男权与神秘威力的象征

地处黄河上游的青海乐都县柳湾村，有一处迄今发现最大、发掘墓葬最多的史前公共墓地，被称作柳湾墓地。这里静静地罗列着包括马家窑、齐家等新石器时代中期、晚期乃至青铜时代早期的不同阶段的文化痕迹。其中，在马家窑晚期距今4300年左右的马厂类型的墓穴中，出土了一件十分奇特的彩塑**裸体人像壶**（彩图13），壶的外壁在红衣黑彩的网线纹饰中，颈腹部又堆塑出一个全身裸体的人像。不过，这还不是唯一的奇处，这个陶壶最令人感到惊奇的是人像的性别竟能让人做出不同的判断！有的说这是一男性塑像，有的又说像是女性[1]。也难怪，这个并不着意于面部和身姿刻划的浮雕人像，突出的只是性器官的展示；偏偏性器官又不确定，人像的胸前已经有一对男性乳房，两边似乎又耸立出一对女性乳房，下身的生殖器更是既像男性，又像女性，令人费解。

或许，这并不是时人的笨拙和疏忽，而是"明知故犯"，有意为之。辽宁东沟县后洼红山文化遗址出土的一件陶塑人头像，就是一面男相一面女相[2]。那位最先用泥蛋生了人类的始祖神女娲，到了后来的传说中，也居然与一个叫伏羲的男神合为一体，人首蛇身，汉代画像砖就曾风行伏羲女娲人首蛇身交尾图。这类图画或雕塑，后人给了个通行的名称，叫做男女两性同体像。

柳湾这个裸体两性同体像的出现，是一个划时代的标志。男人的生殖力第一次混迹于原本只有女人才特有的田地里，占据了一方位置。这是一个时代结束的信号，又是另一个时代行将来临的序曲。

父权的"宣言"

母系氏族鼎盛期一开始实行对偶婚，就决定了男子生殖作用的终将被发现。对偶婚是在众多婚偶中相对有一个固定配偶，虽仍以女子为主导，男居女家，但这种相对固定的通婚形式，久而久之就会显示"男女媾精"才会怀孕生子这样一个绝对真理，而且极容易"泄露"子女与父亲的血脉关系。试想，在把包括人在内的万物丰产视为最高需要的文化里，男子的生殖作用一旦被确认，这对男子的地位来说，该是多么重大的转折！

与此同时，随着生产工具的改进，生产范围、强度的扩大和提高，男子也从原来的以渔猎为主，转向农业种植和畜牧，在对偶家庭生活资料的获得方面发挥着越来越重要的作用。

就这样，在男女两性之间，开始了漫长的、静悄悄的、没有硝烟却又是人类历史上最根本的一场

"战争"。最终的结果是有目共睹的，从此以后绵延至今，都变成了按男人血统传宗接代的家庭形式。

柳湾裸体人像壶出现的时代，时人恰恰就处在这种转折中。与这个壶同时的墓葬已经显示出许多微妙的变化。其中最明显的就是与以往普遍实行的氏族多人合葬不同，这里除单人葬之外，合葬的多为男女双人并排仰卧合葬墓[3]。就像那男女两性合体像，男人在实际生活中乃至地下世界中，也已经以自己在"两种生产"中都不可小觑的作用，与女人"平分秋色"了。

到了稍后距今4000年左右的齐家文化时代，男女合葬墓又发生了一个意味深长的变化，这就是由双人并排仰卧，变成了一仰一侧，一直一屈，那直肢仰卧的是男性，屈肢侧卧的是女性，而且一定是要面朝男性的。更典型的是甘肃武威皇娘娘台遗址的一座成年一男二女三人合葬墓，男性仰身直肢位在正中，二女分列左右，屈附其旁[4]。很显然，地面上的那场两性之战早已见出分晓，女子已经由原本至高无上的女神转变为男子的附庸，一个一夫一妻甚至一夫多妻的、按父亲血缘确认子女计算世系的父系氏族社会，已经宣告了它的诞生。

男"祖"崇拜与
岩画性爱舞

从此，男子、父亲取代女子、母亲，成了生活中的主角，反映在神灵主宰的精神领域里，就是男神、祖神被毕恭毕敬地供上了祭坛。而这种祭拜，一开始就是以对男性生殖器——祖（实际是象形的"且"）的崇拜这种最直接的方式加以表现的。

在我国许多史前文化遗址中，都发现有石祖、陶祖，还有木祖[5]，这些遗址除少数为仰韶文化晚期外，大部分相当于龙山文化、齐家文化等新石器时代晚期，也就是已经进入父系氏族社会的时期。湖北京山屈家岭遗址就出土有陶祖。能专门用陶土精心雕塑出男阴的造型，这种在今天看来不可思议的"艺术"，在史前人类那里，却分明是怀着无比崇高的意念，在做一件十分神圣的事情的。根据民族学提供的"石祖崇拜"现象推知，这种陶祖当年也应该是作为能够送子、助产、带来丰收的神物供奉着的，人们向它叩拜，向它祈祷，从它那里获得经久不衰的生命活力。

男"祖"崇拜，还活生生地宣泄在奔放的原始歌舞中，刻划在被作为神圣领地的岩石崖壁

008　男性崇拜图
（内蒙古阴山崖画摹本）

上。近些年相继发现的最早作于新石器时代晚期的史前岩画，如内蒙古阴山崖画、新疆呼图壁崖画等，就把这种特定时代的文化现象，淋漓尽致地展现出来。阴山崖画中，伸开双臂展示舞姿的裸体男子，见**男性崇拜图**（008），其生殖器官不但被特意画出，而且极度的夸张[6]，作画意图十分明显。呼图壁崖画展示的则是一幅幅蔚为壮观的群舞画面，见**生殖崇拜舞图**（009）。[7]

很显然，当"男女媾精"生育人类的秘密被发现之后，原本只是出于本能的性的活动已被赋予神圣的意义，人类性爱首先因其生命繁衍的价值而步入了审美文化的领域。史前人类如此"公然"地、"赤裸裸"地把生殖器官、交媾场面展

009　生殖崇拜舞图
（新疆呼图壁崖画摹本）

整个画面东西长约14米，上下高9米，面积达120多平方米，上面用浅浮雕手法刻出了总数达数百个大小不等、身姿各异的人物，有男有女，有站有卧，有衣有裸，大者比真人稍大，小者只有10到20厘米。画面的主体部分是一个巨大的女性群体舞蹈图，一个个细腰宽胯的葫芦状身型和举过头顶的手臂凸显着女性的窈窕。而在这群女子的斜上方，还画有一个斜卧的裸体男子，该男子通体涂朱，被特意画出的生殖器，恰恰指向舞蹈的女子。另有一处更画着两个性特征十分显明的舞蹈人物，男性用手持着十分夸大的生殖器官直指对面的女性，标示出"男女媾精"的意味。在两人的下面，是两组各由数十人排列成行的小型人物，在前面一位领舞的带领下，做着十分整齐的舞蹈动作。

示出来，其实就像他们精心雕塑"陶祖"一样，心中只有无限的崇拜和企盼。对于他们来说，这是美不胜收的生命之源，是创造奇迹的神的化身，甚至就是他们氏族的始祖故事，还不值得尽情刻划、赞美和歌唱吗？尽管这里性爱还只是被直接用来表现生殖崇拜的宗教意味，但正是从这里开始，在此后的岁月里，两性之爱才不断升华，成为绵延至今无数动人画面、歌声和篇章的原动力和永恒的主题的。

当然，具体分析不难发现，在这些表现两性活动的岩画中，其中的男性明显占据着主导地位。性器官的展示只有男性，没有女性；当年鼓腹肥臀的女神形象在这里丝毫不见踪影，整个画面实际上演的只是活生生的男"祖"崇拜。这是从母系到父系的悠悠岁月必然刻下的文化烙印，是又一个划时代的坐标和证明。

黑陶、玉饰与礼器

父系社会这一文化主体性别角色的置换，在同时期工艺品的造型和绘饰中也得到了微妙的呼应。不同于崖壁绘画的直接渲染男性生殖力，这些器物更多的是延续着图腾崇拜的遗俗，只不过威猛超常的人兽合体像代替了温和多产的鱼、鸟、蛙，把一个尚力崇威的男性文化和盘托出。其代表，就是专门用作礼器却刻着兽面纹饰的玉琮。

说起来，陶器制品在这个时代仍有较大发展，工艺水平有了明显提高，从大汶口文化和马家浜文化遗址出土的陶器看，已经开始使用慢轮进行修整；至山东龙山文化和江浙良渚文化时期，更是普遍采用了轮制技术，所以陶器形体都趋于规整，造型易于变化，由流、錾和三空足组成的形态复杂的水器或酒器——鬶，就是这个时期新兴的陶器器形。但这时仰韶文化类型的彩陶已经衰微，陶器制作在用途、工艺等方面发生了明显的分化。一方面，大多用于日常使用的陶器制品已经不再讲究纹饰，素面陶、灰陶较为多见，人们注重的只是方便实用。另一方面，伴随着父系社会原始宗教活动的一步步加强，开始出现专门用于祭祀、殉葬等特殊用途的礼器，这些礼器则更加讲究奇特的造型、有意味的纹饰和高精密度的工艺，从而越来越向超实用的审美型工艺制品靠拢。

位于山东中南部的大汶口文化遗址中，中晚期的墓葬中就出土了许多形制各异的陶鬶，有拱嘴、短尾、躯体肥壮的猪鬶，有昂首张嘴、形如吠叫的狗鬶，还有拱鼻张口、竖耳翘尾、似狗似猪的兽形鬶等[8]。作为特殊饮器，它们将动物形体与实用造型巧妙地结合在一起，既寓有某种飨祭神灵的潜在意味，浓缩了史前人类富于想象的艺术创造力；其生动、逼真的模样，在今人看来，又极富观赏情趣。上海青浦福泉山良渚文化墓地出土的蟠螭纹禽纹带盖陶壶，器口饰弦纹和曲折纹，圈足镂孔，通体刻有纤细的蟠螭纹和禽纹[9]，做工十分精细，也应该是专门用于祭祀等特殊活动的礼器。而尤为值得一提的还是龙山文化的黑陶薄胎高柄杯。它们有的厚度不足1毫米，因而又被称作"蛋壳陶"。这种蛋壳陶制成的高柄杯，多为里外皆黑的细泥质黑陶制品，敞口高柄，宽口沿向外敞开，宛如一个平盘，柄身细高瘦长，上面刻有镂孔、竹节状纹或纤细的弦纹，表面漆黑油亮，造型精巧优美，代表了制陶工艺的最高水平。这种形器过于薄制，显然不是出于实用的考虑。从考古发现来看，它们从未见于居住址内，无疑更是专门用在祭祀诸神的场合或殉葬升灵的宗教仪式中的[10]。

尽管如此，最能代表这个时期审美趣尚和文化意味的，还是要属此时才大量出现的玉器制品。

玉，石中之美者；玉器，器中之精者。玉的质地细密坚致，呈乳白、淡绿、牙黄等各色，磨砺抛光后可显明丽温润的光泽，所以玉器从它产生之日起，就以其珍稀贵重、雕琢高难而与通常作为实用器物的陶塑制品判然有别，多被视为"神物"而格外受到珍视，更多显示着人类工艺制作的水平、精神活动的内容乃至拥有者的特殊身份。虽然它的出现并不始于新石器时代晚期，大约在距今7000至5000年的河姆渡文化遗址中就有发现，但它的大量出现却是此时人类进入父系社会之后的事情，正是生产力提高、产品增加、工艺制品开始超越实用器物的一个标志。

从考古发现中可以得知，新石器时代晚期的父系氏族社会，确是伴随着这种社会生产的发展一起到来的，氏族内部的产品占有和氏族成员的社会地位也在悄悄地发生变化。与前期墓葬迥然不同的是，这个时期的随葬品多寡出现了较大的差异，如齐家文化皇娘娘台墓葬的随葬器物，陶器少者一两件，多者37件，玉石璧少者1件，多者83件[11]。特别是诸如良渚文化中有些特殊的大型墓葬，已经不以陶器、石器等为主要随葬品，而是用数量极多、质量精良的玉器为殉。浙江余杭的反山墓地，M20号墓有随葬品547件，玉器就有511件[12]。

这时出土的玉器形制之多，也是惊人的。有玉坠、玉珠、玉管、玉镯、玉环、玉玦、玉璜、

010　玉龟
（辽宁阜新胡头沟出土）

玉璧、玉琮、玉瑗、玉珲、**玉龟**（010）、玉鸟、玉蝉、玉兽、**玉龙**（彩图14）、玉冠、玉人、玉锛、玉戚等等，直现出一个遍布美玉的天下。而且，它们没有一样是用作日常器物的实用品，其中玉锛、玉戚虽有兵器的造型，其实并不会真的用来冲锋陷阵。这些玉器大致可分为饰物、由饰物造型演化而来的礼器、形象雕塑品等几种类型，无不体现着时人特定精神生活的内容和含义。

　　人体装饰，自山顶洞人以来，就一直是史前人类尽其所能不断追求的审美形式之一，他们也总是把所处时代最珍贵的材料、最高难的水平用于美化自身的制作之中。就其后所见到的陶塑人头像来看，要么头上有成串的珠饰，要么耳部有戴饰物的穿孔，讲究装饰的爱好可谓代代相传。现在，做工考究的玉制品又成为时人最"时髦"的饰品，自然是顺理成章的。只不过从出土的多寡悬殊可以看出，这时已经不是人人都可以佩戴玉饰了，玉除了时人赋予的神秘意味（就像早先染成红色的石珠），又多了一层特殊、高贵的价值内涵。而这时除一般的珠、镯外，更出现了玉龟、玉鸟、玉兽等玉雕形象，甚至还出现了想象的神物——玉龙，这些很可能是氏族神物或图徽的佩戴、悬挂品，应该是父系社会氏族神权意识强化的结晶。

玉琮、兽面纹和威猛之美

不过，玉器中最多见的，也是最能体现这个时代新的文化因素和精神的，还是那些从一般饰品演化而来的礼器，其中尤以良渚文化时期的玉璧和玉琮为代表。

玉璧是一种正中有孔的扁圆形软玉制品，孔径小于环宽，显然由用做饰物的玉环演变而成，却与玉琮相配，已专门用于祭祀和丧葬。玉琮的形制比较特殊，多为外方内圆的直柱状，仿佛方柱套圆筒，圆筒上下露出顶部，方柱分出单层多层不等的骨节，整个造型端庄而又有变化。这种显然已超出写实范围的形器究竟由什么演化而来，已经很难说清，有的说象征地母的女阴，有的说是宗庙里盛"且（男性生殖器模型）"的石函，有的甚至说是家屋里的"中霤（即烟囱）"，还有的说其实就是手镯的变体[13]。

玉琮后来到了有文字记载的时代仍是作为礼器来用的，那时关于它的说法是用来礼地，正所谓"以玉作六器，以礼天地四方；以苍璧礼天，以黄琮礼地……"（《周礼·大宗伯》），而这种分配的依据，则是传自久远的"天圆地方"说了。这当然是理性时代一种精细化了的"各司其职"，史前时期恐怕还没有如此细致的分工，圆璧象征圆天，单用来礼天倒也妥贴；这玉琮外方内圆，不是兼着方和圆吗？所以有学者称这应该是贯通天地的一项"法器"〔14〕，还是不无道理的。在原始宗教已越来越从生产活动中分化出来的此时，人们关于天地自然神的考虑，也应该到了较为"成熟"的地步了。

更值得注意的是，这些玉琮都还雕刻着一些图案化了的纹饰。与温润光洁的玉质不太协调的是，上面的纹饰几无例外，都是面露狰狞的神人兽面纹。比较典型的如江苏武进寺墩、江苏草鞋山等遗址出土的大型玉琮，分别在外方体的四转角凸面上，分上下两节，雕刻出神人兽面的组合图。上节均为巨目阔嘴的人面，下节则是双环目上挑的兽面，神人与兽面的组合，隐喻着非凡之人所具有的神秘威力。此外浙江余杭反山墓地还出土有一件被称作**琮王**（彩图15）的大玉琮，器形之宽阔、器壁之厚重，为所见玉琮之最。其器表纹饰也更加繁缛，除通常所见四转角上依然雕刻出上下组合的神人兽面纹外，还在四个正面的直槽内上下各刻一全身的**神人兽面复合像**（彩图16）。〔15〕不用说，这里的神人已完全与兽合为一体，人被注入兽的威猛，兽被赋予人的神魂。就其取象构图的思路来说，本与仰韶文化中的人面

011　玉冠状饰物
（浙江余杭反山出土）

鱼纹同出一辙，都是万物有灵和灵物崇拜的产物，但这里神人兽面所给人的震慑感，却分明有父系时代力量、权威、神通等特定的意义内涵，体现着时人对神威猛力的敬畏和尊崇。

其实，不只是玉琮，诸如此类的神人兽面还在同时期同文化的玉钺、玉圭、玉璜、玉牌、**玉冠状饰物**（011）等玉器的装饰上，都留下了"足迹"，这几乎成了此时玉器纹饰的唯一母题。就在出土"琮王"的墓葬中，还同时出土了一件带柄的青玉钺，在钺两面弧形刃端的上角，就都刻有一浅浮雕的神人兽面复合纹，纹样与"琮王"正面槽内所雕图纹完全相同；钺两面与兽面纹相对的下角，则又各雕出一只神鸟。此外，反山还同时出土有玉冠状饰物，透雕法雕出的不规则孔格纹状，分明也是神人的造型，其中用阴线刻出的头竖羽饰、圆目怒睁、阔嘴利齿的人面图像，无疑就是玉琮神人的变形[16]。

玉琮兽面的威猛，让我们隐隐感到一种不和谐的格调；同时出现的玉钺，更透出一股杀伐之气。从带柄玉钺出土的位置来看，柄是握在大量拥有玉琮的墓主人的手中的。玉琮表示通天的神威，玉钺则是杀戮的权杖，不用说，墓主人一定是某个氏族或部落的首领；同样刻在玉琮和玉钺上的神人兽面纹饰，必是他们的神徽。该氏族或部落的成员们，正是在这被赋予巨大威力的徽帜的感召下，在透着神光、值得信赖的首领的率领下，谱写出如火如荼的新篇章的。

〔 1 〕　参见李仰松《柳湾出土人像彩陶壶新解》,《文物》1978年第4期。

〔 2 〕　参见晁福林《天玄地黄》第86页, 巴蜀书社, 1990年版。

〔 3 〕　参见《青海柳湾—乐都柳湾原始社会墓地》上册第68—73页, 文物出版社, 1984年版。

〔 4 〕　参见谢端琚《略论齐家文化墓葬》,《考古》1986年第2期。

〔 5 〕　参见《简明中国文物辞典》“石祖”“木祖”“陶祖”条, 第11页、第23页、第33页, 福建人民出版社, 1991年版。

〔 6 〕　参见盖山林《阴山岩画》, 第106页图405、第120页图467, 文物出版社, 1986年版。

〔 7 〕　参见王炳华《呼图壁县康家石门子生殖崇拜岩雕刻划》,《新疆文物》1988年第4期。

〔 8 〕　参见《简明中国文物辞典》“陶鬶”“猪鬶”“狗鬶”“兽形鬶”条, 第30—31页, 福建人民出版社, 1991年版。

〔 9 〕　参见《简明中国文物辞典》“蟠螭纹禽纹带盖陶壶”条, 第30—31页, 福建人民出版社, 1991年版。

〔10〕　参见杜在忠《试论龙山文化的“蛋壳陶”》,《考古》1982年第2期。

〔11〕　参见《中国大百科全书·考古学》第371页, 中国大百科全书出版社, 1986年版。

〔12〕　参见王明达《浙江余杭反山良渚墓地发掘简报》,《文物》1988年第1期。

〔13〕　参见张光直《谈“琮”及其在中国古史上的意义》,《中国青铜时代》第289—304页, 生活·读书·新知三联书店, 1999年版。

〔14〕　参见同上。

〔15〕　参见王明达《浙江余杭反山良渚墓地发掘简报》,《文物》1988年第1期。

〔16〕　参见同上。

6

「刑天舞干戚」

英雄神时代血与火的礼赞

　　大玉琮上的人面兽身纹，以其怪异而狰狞的形象，"默默地"把我们带进了一个崇尚神力和勇猛的时代，显示了造型艺术穿越时空的永恒力量；不过，这时还大量涌现了另一种穿越时空的艺术，这就是语言作品——在当时更多的还只是口头神话或传说，经时人的口耳相传，经后来的文字记载，播之久远，为我们展开了一幅幅更加具体、形象、活

动、"有声"的画面。不用说，这时的神话和传说，
同样是一曲曲力量、英雄乃至杀伐的赞歌。

神话：

关于神的故事

神话首先是一种"话"，是人们对自己所认识和思考着的事物、事件的讲述和叙述；神话在史前时代又必然大多是关于"神"的"话"，毕竟在当时"万物有灵"的思维框架中，时人所认识和思考的事物和事件，都推想、幻化成了神灵的活动。

这样，应该说从山顶洞人往死者身上撒赤铁矿粉开始，先人就已经有了最早的神话，长辈们总该告诉后生那倒下者灵魂的故事吧，可能还会说说那和血液同样颜色的红色粉末究竟代表了什么。随后，在仰韶文化的人面鱼纹图案和一件件鱼、鸟、蛙的纹饰中，应该也珍藏着一个个美丽的卵生故事，女娲抟土造人、简狄吞卵、姜嫄生稷，其原型正是此时所创。不过，也许是年代过

于久远，也许是人类活动还比较单纯，此时留下
来的神话还不是很多。新石器时代后期的情况就
不同了，进入父系时代的人类，其活动的范围、
内容、复杂程度都有了明显的扩大、深入和增
强。人们在对外部世界更加充满兴趣的探寻中，
在强化自己氏族团体信仰和力量的努力中，创造
了更多的神和神的故事；同时，也就在这些新的
神话中，刻下了自己时代的鲜明烙印。

夸父、后羿：
男子的力量之歌

这里首先发生的变化，就是男神成
了故事的主角，力量和勇敢成了讴
歌的主题，顶天立地的英雄神成了
人们心目中新的偶像。说起来，比
起迟到的生殖价值的被肯定，男人的力量应该是
与生俱来的，只不过到了这时，随着男人和父系
权力的强化，这种男性的力量和勇敢，才更多地
进入了审美的视野。在保存着许多史前文化信息
的先秦典籍《山海经》中，有一个十分奇特的大

力神的故事，这就是"夸父追日"：

> 夸父与日逐走，入日。渴欲得饮，饮于河渭；河渭不足，北饮大泽。未至，道渴而死。弃其杖，化为邓林。（《海外北经》）

夸，大也；父，通作"甫"，男子的美称。"夸父"的含义就是"伟大的男性"。你看，故事主角的名字就如此耐人寻味。而夸父的伟大之处，从故事的情节可以看出，说的正是男子伟岸的身躯、巨大的体魄、坚强的毅力和不屈的精神。有谁竟敢追赶太阳、与太阳一比高下吗？夸父敢。有谁真能横跨天际追上太阳吗？夸父能。不必在乎万水千山，夸父总能迈出坚定的步伐。夸父终于在日落处跨进了太阳的光环（入日），他已经实现了自己的目标。虽然"道渴而死"，但那根化成绵延数千里绿阴的手杖，不仍在续写着人与自然较量的颂歌吗？夸父追日的神话过于奇特，对其具体含义的解读早已见仁见智。其实，与其说夸父是某种具体现象的反映或折射，毋宁说他更是一个时代的象征，是父系社会男性力量崇拜和神化的结晶。

① / 陶猪鬶
（山东胶县三里河出土）

② / 小口尖底瓶
（新石器时代陶制食器）

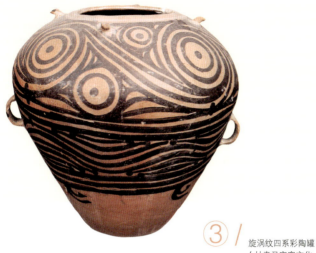

③ / 旋涡纹四系彩陶罐
（甘肃马家窑文化，永靖县征集）

④ / 半坡人面鱼纹彩陶盆
（陕西西安半坡村出土）

人面为圆形，双眼用两条黑线表示，鼻子画成倒"T"形，嘴用暗影勾勒，最具特色的是人面的头顶和两颊旁分别画有带排刺的长三角，极像鱼身的简化形，而在人面两耳旁又各画有一鱼，像是头饰或挂饰，鱼的眉目分明可见。另外，在人面鱼纹图的下方，还单画有一鱼，更用交叉的直线，绘出了鱼的鳞片。

5 / 蛙纹彩陶瓮
（甘肃兰州土谷台马家窑文化遗址出土）

6 / 鸟纹彩陶钵
（陕西华县泉护村出土）

7 / 蛙鱼纹彩陶盆
（陕西临潼姜寨遗址出土）

8 / 将军崖稷神崇拜图
（采自江苏连云港银屏山将军崖）

鸟的身体十分高大肥硕，和嘴上的小鱼形成了鲜明的对比。旁边，还画有一把带柄的石斧，占去了和大鸟几乎相当的面积。这是迄今所发现的原始绘画中最大的一幅。从构图来看，符号象征的意图或倾向十分明显。

⑨ / 鹳衔鱼纹彩陶缸
（河南临汝阎村遗址出土）

⑩ / 舞蹈彩纹陶盆
（青海大通上孙家寨出土）

整个盆的表面为红色，内壁绘有环绕一圈黑色舞蹈图。全画舞蹈者有15人，分三组，每组5人。

人的头像作为瓶口位于瓶子的颈端，一看便知是一位年轻美丽的女子，额头垂着整齐的刘海，耳后披着柔顺的长发，瓜子脸、杏仁眼、翘鼻子、小嘴，一脸宁静、安详而又若有所思的表情。头像下面便是呈直立梨状的瓶身，腹部圆鼓。整体一看，简直是巧夺天工地塑成了一位怀有身孕的少妇雕像。加上砖红色的瓶衣上用黑色绘出变形的鸟纹，更为少妇着上了一件十分艳丽的衣裙。

11 / 人头形器口彩陶瓶
（甘肃泰安大地湾出土）

12 / 女神庙彩塑人头面像
（辽宁喀左牛河梁出土）

人物面部用细泥捏塑，表面光滑，面庞涂有红彩，双唇施朱。但与仰韶文化彩陶瓶上的女子头像不同的是，这个头像额头宽阔，颧骨突出，眉毛上挑，两眼因特意镶嵌上的圆形玉片而显得炯炯有神，较少母性温柔慈祥的情态，更给人以神秘感和威严感。

13 / 裸体人像壶
（青海乐都柳湾村出土）

14 / 玉龙
（辽宁建平出土）

射径达17.6厘米，高8.8厘米，中央孔径仅4.9厘米。

⑮ / 琮王
（浙江余杭反山出土）

⑯ / 神人兽面复合像
（琮王纹饰特写）

人面呈倒梯形，环眼，扁鼻，阔脸，头上还戴有放射状羽冠；上肢叉于腰际，下肢做蹲踞状，脚是三爪的鸟足形。兽面刻在神人的胸腹部，也是大眼阔鼻，张开的嘴中还露出獠牙。

相比之下，另一则与太阳较量的故事"后羿射日"，似乎含义比较确定，就是抗御"十日并出"的酷旱之灾。当然，与此同时，还有"猰貐、凿齿、九婴、大风、封豨、修蛇"，皆为民害（《淮南子·本经训》）。不过颇有意味的是，后羿用来斩妖除魔、解除干旱之苦的法宝不是别的，恰恰是自发明之日起就专属于男子使用的弓箭。他是拉满弓弦射落了十个太阳中的九个，那剩下的一个当然不是没有射中，总还得留一个给大地带来光明和温暖；他又是用带着丝绳的箭射中了凶猛的大风之禽，终于免除了铺天盖地的剧风狂飙。所以，如果说明确，这个神话最明确的就是，这也是一首地地道道的推崇力量的男子之歌。

战争、英雄和崇高

不过，比起人类自诞生之日起就有了的"人与自然"这个永恒的话题，更能代表父系时代文化特点的，更能显示神话范畴新增的主题和题材的，还是战争——人与人之间的矛盾和争斗。

人与人之间的冲突，起因于财富和财富所带来的欲望的增加，为了更大发展而进行的开拓，促成了父系氏族之间结成部落和联盟，而联盟的结成，又扩大和增加了人与人之间冲突的规模和程度，这就是流血的战争。战争，的确是此时人类极其频繁的活动，深埋于地下的一具具横七竖八的骨骼，就是证明。比如陕西长安客省庄龙山文化遗址六个灰坑中，就发现了许多人骨架，十分凌乱地堆在一起，有的呈挣扎状，有的身首异处，有的有砍伤和剥头皮的痕迹，应该都是用来殉葬的战俘。江苏坯县大墩子大汶口文化墓地，还发现了腿部有箭伤的骨架，发掘时箭头尚在腿骨中。广东曲江县石峡文化遗址，石镞的数量骤增，共出土五百多件，在狩猎已不占生活来源主要部分的文化中，这大量的石镞，正反映了战争的频繁。[1]至于与此同时同址所发现的专用兵器——石钺，一种体薄刃利、穿孔缚绑木柄的实用的劈砍兵器，更能让我们"听到"阵阵喊杀声。如果联想到与大玉琮同时出土的握在死者手中的玉钺，一幅部落之间刀光剑影的战争画面也就十分清晰了。

正如任何神话，都不过是人类认识和生活的曲折反映，史前时代最后阶段这满是血腥的一页，浓缩到神话和传说中，就是造就了一连串都与战争和杀戮有过瓜葛的大神——黄帝、炎帝、蚩尤、刑天，甚至还有以治水著称的伯鲧和大禹。

我们知道，在我国正史记载中，从《史记》开始，黄帝已被作为五帝中的第一位，成为中华民族的开山鼻祖，于是我们都说自己是黄帝的子孙。当然，这已经是神话被历史化以后的结果了，黄帝本是由至尊的天神转为至高无上的人间帝王的。不过，就上古神话的传闻而言，黄帝这个至尊神的地位，也不是与生俱来的，而是经历了与另一位大神旷日持久的争斗。这另一位大神，就是黄帝的同母异父兄弟——炎帝。

胜者英雄败者贼。作为一个战败的大神，炎帝本人似乎并没有什么十分了得的本领流传下来，但他却有一批崇伟大力的子孙们。其中首先值得一提的就是共工，据说他曾因与颛顼争帝，一时发怒，一头撞在不周山上，竟使这根撑天之柱顷刻断裂，整个天体宇宙都发生了倾斜，这便造成了今天这种日月星辰自东向西运行、江河湖海由西向东流动的格局，正所谓"昔者共工与颛顼争为帝，怒而触不周之山，天柱折，地维绝。天倾西北，故日月星辰移焉；地不满东南，故水潦尘埃归焉"（《淮南子·天文训》）。而共工为炎帝所出，在《山海经》的神系中历历可查："炎帝之妻，赤水之子听訞生炎居，炎居生节并，节并生戏器，戏器生祝融，祝融降处于江水，生共工……"（《海内经》）此外，前面已经提到的那位竟敢追逐太阳也追上了太阳的巨伟勇毅的夸父，也是列在炎帝神族中的，因为"共工生后土"（《海内经》），"后土生信，信生夸父"（《大荒北经》）。至于另一位后来十分有名的战神蚩尤，虽没有直接与炎帝一系关联的资料，但他常与夸父并称，又曾打着炎帝的旗号与黄帝殊死格斗，自然也应该属于炎帝的系列。

这样看来，炎帝曾经是一方的大神，而且是崇力神族的大神，应该是没有问题的。黄帝正是在经历了与这样一位大神的浴血之旅，作为战胜者，才登上至尊的宝座的。于是，在神话和传说中，便有了这样一段触目惊心的炎黄之战：

> 炎帝者，黄帝同母异父兄弟也，各有天下之半。黄帝行道而炎帝不听，故战于涿鹿之野，血流漂杵。(《绎史》卷五引《新书》)

所谓"黄帝行道而炎帝不听"，显然已掺进了后代道德评判的意识和美化战胜者的意图；而黄帝与炎帝同母异父的说法，正可见其产生在氏族社会后期的文化特点。看来，黄帝和炎帝所象征的，正是从兄弟氏族发展出的两个氏族部落联盟集团。他们之间的战争，应该就是要争夺在中原地带的主宰权，其交战地点，引文称是"涿鹿之野"，另外还有称"阪泉之野"者(《大戴礼·五帝德》："黄帝与赤帝战于版泉之野，三战然后行其志。""版泉"，《史记》称"阪泉")，涿鹿、阪泉实为一地，相距不过数里，均属冀州平原。至于"血流漂杵"，则可见战争惨烈悲壮到何种程度了。

就这场战争的具体情节而言，一般均称这是一场水火之战。炎帝善用火攻，火神祝融正是他的辅佐大将；黄帝据说曾是主雷雨之神，这时便使出电闪雷鸣的看家本领，用大水抵御住了炎帝的熊熊火势，这就是"兵所自来久矣，黄炎故用水火矣"（《吕氏春秋·荡兵》）。更有奇者，据说黄帝与炎帝作战时，是"帅熊、罴、狼、豹、貙、虎为前驱，雕、鹖、鹰、鸢为旗帜"（《列子·黄帝》）的，就真正的情形而言，熊虎之属自然是难以参战，但若将它们视为带着图腾徽记的千军万马，则黄帝族作为联盟的庞大规模也就可想而知了。而那些绘制着雕、鹖、鹰、鸢图案的旗帜，不正可与余杭反山大玉琮和青玉钺上的鸟形纹互相参照吗？

就这样，尽管炎帝族个个蛮力勇武，烈火般威猛，终于抵不住联盟那潮水般的轮番进攻，战争以黄帝族的胜利而告终。炎帝族的残部被驱赶到南方，屈尊成了偏于一隅的黄帝之臣。从此黄帝名声大振，神系发生了重新改组和组合，众鬼神都归于黄帝的麾下，这就出现了黄帝前往泰山大会群神的壮观图景：

　　昔者黄帝合鬼神于西泰山之上。驾象车而六蛟龙，

> 毕方并辖，蚩尤居前，风伯进扫，雨师洒道。虎狼在
> 前，鬼神在后。腾蛇伏地，凤皇覆上。大合鬼神，作为
> 《清角》。(《韩非子·十过》)

然而此后黄帝并未能高枕无忧，炎黄之争余波不尽，接下来的时日竟无一日太平。最先起事的就是那赫赫有名的战神蚩尤，而且是以复仇者的身份打着炎帝的旗号卷土重来。说起来，蚩尤在传说中本是一个神族的称号，所谓"蚩尤兄弟八十一人，并兽身人语，铜头铁额，食沙石子"(《太平御览》引《龙鱼河图》)；而且是一个善兵能战之族，据说曾"作五兵"，"戈、矛、戟、酋矛、夷矛"(《世本》)是也。于是，蚩尤们的到来，便在天神地祇间引发了一场比炎黄之争还要声势浩大的恶战：

> 蚩尤作兵伐黄帝。黄帝乃令应龙攻之冀州之野。应
> 龙畜水，蚩尤请风伯雨师，纵大风雨。黄帝乃下天女曰
> 魃，雨止，遂杀蚩尤。(《山海经·大荒北经》)

当年炎黄之争，黄帝本是靠着水战克了火攻，这里黄帝对付蚩尤，首先便调动了应龙这一重要砝

95

码。据说应龙生有两翼，能腾云驾雾，善蓄水行雨，其实就是云雨的象征，也就是说，黄帝开始仍是想用水作战。谁知蚩尤以牙还牙，行动迅疾，待应龙还在蓄水的功夫，先请来了风伯雨师，发动了狂风暴雨。面对如此情况，黄帝不同于早先蛮力大神的智慧之处就在于，他及时调整了思路，毅然启用了天女魃。魃是居住在系昆之山上的头等旱神，据说这场战争过后她未能返回天界，所居之地总是大旱连年，滴水不见，以至人们不得不喊着"神北行"请她离开，可见她体内克雨制水的能量是多么巨大。按说这样一位旱神是不能轻易下凡的。然而黄帝为了制服蚩尤带来的洪水猛兽，也只好破釜沉舟了。就是在付出如此惨重的代价后，黄帝才得以在中原站住了脚跟。

这便是我国上古神话传说中最富戏剧性的一场神战的中心部分，氏族部落间的激烈冲突，完全幻化为天神之间呼风唤雨、地动山摇般的一场鏖战，已经没有谁能说清，这些风伯雨师水神旱神，其具体含义究竟是些什么。然而它的魅力，正在于用驰骋想象的翅膀，把我们带到了那个遥远而神秘的古战场，经受了一次血与火的洗礼。

当然，这种血与火的感受不会只有一次。蚩尤之后，又有一位大神竟敢冒死与黄帝争夺神位，这位大神后来被人们称作刑天。所谓"刑天"，即砍下头颅之义，"天"甲骨文作ㄍ，金文作ㄥ，其中○与●均像人首，即"颠"或"顶"。刑天的惊人之举并不在于他如何与黄帝斗法，如蚩尤在冀州之野所表现的那般神奇；而是在经历了残酷的厮杀不幸被黄帝砍下头颅之后，竟仍不善罢甘休，又用他那两只乳房作眼睛，以肚脐作口，继续挥舞着长盾和板斧，偏要与黄帝一比高下（《山海经·海外西经》）。刑天这种虽死犹生的精神令人叹服，晋代隐逸诗人陶渊明都受到他的感染，写下了"刑天舞干戚，猛志固常在"这"金刚怒目"式的诗句（《读〈山海经〉》）。据载炎帝曾有一位名叫邢天的属臣，为炎帝作过乐曲《扶犁》，诗歌《丰年》，总称《下谋》（《路史·后记三》）。如果这邢天就是刑天的话，那么这位与黄帝争神的英雄，是不是同样在继续着炎黄之争的历史使命呢？

其实，与其说刑天是某个部族成员的代表，

毋宁说是已经变成一种精神的象征。人类沿着历史必然的旅程，到了这个血与火的时代，在用语言塑造的形象的画廊，描述的便是胜利者的姿态和不屈者的魂灵。这两者虽然结局不同，所奏响的却同是一首英雄的赞歌。

大禹治水与文明的"开启"

当然，史前时代这最后的阶段，人们并不只是在忙于争夺地盘和主宰权的战争，英雄礼赞也不只是呈现古战场上的刀光剑影，人类还有另一个战场，这就是还要与自然搏斗。而在当时，在中原大地上，人们所面临的，是一场滔滔吞世的大洪水。于是，先人们还为我们留下了神话传说中最丰富多彩的一页，这就是大禹治水。只不过与第一代洪水神话女娲补天不同的是，这时的治水神话，同样烙上了英雄时代血与火的印迹。

这段神话的序曲就是用禹父伯鲧的鲜血和不屈的精神谱写的：

> 洪水滔天，鲧窃帝之息壤以堙洪水，不待帝命。帝令祝融杀鲧于羽郊。鲧复生禹。帝乃命禹卒布土以定九州。（《山海经·海内经》）

原来，在大禹降生之前，他的父亲伯鲧就已经在为如何制服洪水而处心积虑了，面对就要吞没世界的一片汪洋，伯鲧顾不得触犯天规将会带来的下场，毅然从天帝那里偷出了息壤——一种能随水的长势而增高的神土，匆匆治水去了。谁知这种善意的冒犯，对于天帝来说，竟比洪水猛兽的威胁还要严重，他让伯鲧付出了生命的代价。不难发现，天神中间已经等级分明，天帝对自己的部属操有了生杀大权，而且擅自大开杀戒。这天庭里神与神之间的较量冲突，实际上是大地上人与人之间矛盾斗争的一个缩影。而且，这种矛盾已经不只是部落与部落之间集团性的厮杀殴斗，还又发展到了联盟或部落内部成员的等级冲突。伯鲧就并不是死在治水的途中，也不是死在敌方神族的手中，而是死在了自己主神的屠刀下。

当然，神话毕竟不只是客观生活的折射，它更是人类理想和愿望的寄托，被杀的伯鲧精魂不散，又孕育出了一代英雄大禹，来继续他那未竟的事业。"鲧复生禹"，"复"借作"腹"，《楚辞·天问》便有"伯鲧腹禹，夫何以变化"之语。原来伯鲧被杀之后，尸体居然三年不腐，天帝为之坐立不安，只好又派祝融二次前往，用锋利的吴刀去把伯鲧剖腹解体，谁知一刀下去，竟从伯鲧的腹中跳出一个鲜活的生命，正所谓"鲧死三年不腐，剖之以吴刀"，"是用出禹"（郭璞注《山海经》引《归藏·开筮》）是也。荒诞的故事，叙述的却是一个颠扑不破的真理，人类就是如此前仆后继，才终于抵抗住自然的压迫，生存发展下来的。

所以说，伯鲧的死并不是一场悲剧的谢幕，而是正剧的开始，接下来便是大禹波澜壮阔的治水生涯。只不过其中更多交织了神话和历史传说的复杂成分和多重线索。神话系列中，大禹接过父亲以生命代价和不屈精神换来的天帝恩准的神土，铺垫出山峦起伏的九州大地，所谓"信彼南山，维禹甸之"（《诗经·小雅·信南山》）、"洪水茫茫，禹敷下土方"（《诗经·商颂·长发》）；还在应龙以尾画地的导引下，疏浚出绵延千里的江河水道，所谓"应龙何画，河海何历"（《楚辞·天问》）；为了制服洪水恶魔，他曾杀掉九头蛇身的水怪相繇，并把它污血所致腥臭伤生的沼泽化为池子，就地建台，让群帝们镇守（《山海经·大荒北经》）；为了开山辟路，他更曾化为黄熊，结果其妻涂山女见状惊走，化为石身，他那名叫"启"或"开"的儿子就是在石破天惊中诞生的（《汉书·武帝纪》颜师古注引《淮南子》）。历史传说系列中，大禹作为被联盟推举出来的治水领袖，已经在治水的旗帜下，号令着来自不同氏族不同部落的多路人马。他不但身先士卒，在繁忙的疏导工程中曾"三过其门而不入"（《孟子·滕文公上》），而且也权重声威，在各路头领商讨治水良策的集会中，杀了消极迟到的防风氏，据说这防风氏体长身巨，一根骨节就能"专车"（《国语·鲁语下》）。

总之，这是个赞美英雄的时代，也是个礼赞血与火的时代，英雄们就是在这血与火的纷飞中诞生和行动的。这其中无论战胜者还是战败者，失败者还是成功者，都以其不屈的灵魂，惨烈的壮举，前仆后继的精神，给人以崇高的美感。

血与火的格杀，也叩响了原始向文明迈进的启门声。追求理性之光的"文明"，却是伴随着人与人之间的杀戮和流血到来的，这乃是不以人的意志为转移的历史辩证法。当大禹之子"启"裂石而出的那一刻，一个崭新的时代也就要"呱呱坠地"了。那么，这个"启（开）"字，除了是因母石裂生而得名，是不是也正好预示着文明之门的开启呢？

〔1〕　　参见晁福林《天玄地黄》第101—103页，巴蜀书社，1990年版。

夏商之际的巫史艺术

公元前21世纪，一场大洪水，结束了先人们在蛮荒中跋涉的步履，中原大地的各部落集中到大禹的麾下，中华民族一个具有国家性质的王朝——夏，在治水后诞生了。

夏王朝曾一直被认为是中国历史上所诞生的第一个国家，然而近日考古工作者在山西襄汾县境内被称为"尧都"的陶寺村，首次发现了尧舜时期的古城遗址，而在此遗址发现之前，这里已经发现过上万座四千多年前的古墓，并从中挖掘出世界上最早的青铜器，还在陶片上发现了"文化"的"文"字，这样，史学界公认的国家起源的三大标志——文字、金属器和城市，已经全部具备[1]。有专家据此推测国家的起源可能要比夏代更早，那么，关于中华文明的发展史就要适当改写了。

尽管如此，夏代毕竟是既有考古发现又详见古文献记载的一个朝代，我们关于国家起源、文明初始时代审美文化的考察，仍还是要以夏代为主要对象的。

关于夏始祖大禹在治水中所表现出的英雄气概和领袖风采，上述神话和传说中已经有各式各样的反映和描述，其中不排除有神话所特有的想象和幻想的成分，甚至荒诞不经的内容，但就总体轮廓而言，应该已是历史事实的写照。从历史文化的角度审视这场大洪水，一个基本的事实就是，以此为契机，大禹在统领各部落集体治水的同时，也就加强了在各氏族部落组织之上的集中权力，强化了个人的威望和意志，从而为民主禅让制的解体和"家天下"的一统国家的诞生创造了条件。

接下来便顺理成章地发生了史无前例的"传子"事件，中华民族第一位"家天下"的一国之主——夏启，就是以大禹之子的身份登临王位的。对此，喜欢赋予古史传说理想色彩的孟子曾有一段生动的描述，称当年尧舜禹禅让，都曾有先避子后即位的做法，人们投奔和拥戴的是有功德的圣人；但大禹死后，原先预定的继承人伯益也仿效前贤谦让的做法，避禹子启于"箕山之阴"，这次，"朝觐讼狱者"却不再理会伯益，而都投奔到启那里，理由只有一个，"吾君之子也"（《孟子·万章上》）。不过，客观得近乎冷酷的韩非的说法却不那么温馨，称"古者禹死，将传天下于益，启之人因相与攻益而立启"(《韩非子·外储说右下》)。应该承认，如此重大的权力交替、制度更移，是不可能在毫无冲突的情形下和平完成的，关于益和启之间为夺取君位而相互攻杀的传说，说明这场冲突还相当激烈。然而孟子的说法却涉及问题的关键，启之所以在这场冲突中有资格扮演主角，就因为他是大禹的儿子。这样，立益还是立启的问题，就不是一般的权力之争，而是传统的"禅让"制与全新的世袭制的冲突和较量；而启的最终获位，无论是由于众人的拥戴（这反映了文化观念的变化），还是借助攻杀（这反映了历史更迭的艰巨性和启势力的壮大），都说明了一个基本的事实，这就是一个以国家形式和世袭等级为社会特征的新的文化时期从此拉开了序幕。

当然，从根本上说，还是社会生产力和私有观念的发展，对于夏代国家的形成和文明时代的到来，起到了决定作用。应该承认，至今发现的夏代文化遗存，还不足以代表夏代的水平。尽管如此，在基本属于夏文化遗存的二里头文化中，还是发现了冶铜作坊，再与古文献中夏铸九鼎的传说相印证，可知时至夏代，金属器具已经有了一定的规模。这样，一个以铜器为代表的时代，恰与文明的脚步相伴随，一起登上了历史的舞台。

作为一代王朝，从夏启直到夏桀，历时几近五百年，除了前期有过一段东夷后羿"因夏民以代夏政"尔后"少康中兴"的曲折经历之外，传十三世，十六王，大多传子，个别传弟，"家天下"的制度确已形成。作为一个已明显区别于各部落联盟的国家体制，夏王朝的统辖范围相对扩大，据称继少康而立的帝杼曾"作甲"（《墨子·非乐》），率军队远征东海之滨，迫使东夷臣服；另据古本《竹书纪年》称，其子帝槐（一作"芬"）即位三年后，"九夷来御"，各边远部落也已大多称臣纳贡；其后的帝泄"加畎夷等爵命"；帝不降又"伐九苑"也，都在用政治或武力的手段不断扩张着夏的版图。同时，夏王朝已经有了监狱、刑罚等国家机器，作为内部等级统治的重要工具，帝槐（芬）曾"作圜土（监狱）"（《国语·鲁语》）就是一证。

于公元前17世纪取夏而代之的商王朝，经历了另外一个五六百年，又把人类进化的历程，向文明时代大大推进了一步，其中最重要的标志，就是甲骨文字（卜辞）的出现。从所发掘的殷商中期盘庚迁殷之后的殷墟甲骨文来看，其笔势的完美成熟，形式的大致统一，风格的相对形成，数量的一定规模，都证明了它们已经是相当成熟的文字，先人们在向文明之门逼近的途中，已经在创造文明这最直接的成果——文字方面，走了相当一段路程。然而迄今为止，"尧都"所见文字只有零星符号，夏人是否系统使用文字，也还不得而知，殷人也就依然保持着形成中国文字系统的"吉尼斯纪录"。就物化形态而言，甲骨文的出现，才应该算是为史前画上了完整的句号，标志着文明时代的正式开始；就史书记载而言，商代也因甲骨文的刻划，才成为中国古代第一个信史时代，不再仅凭传闻让后人评说。还有，更为重要的是，文字的创造和使用，是人类智能进化的一个结果，是人类从被动应付自然向主动发现和利用规律转变的一个证明，尽管最初的这种发现和利用还被挟裹在巫术占卜的幼稚甚至荒谬的"逻辑"怪圈中。

较之夏代，商代的生产力水平也有了一个相当大的发展。这已经是一个相当成熟的青铜时代，以钟鼎为代表的铜器制品显示了冶炼技术和工艺制作水平的极大提高。

此外，作为殷商文化走向文明的标志的，则是一些并不如此温文尔雅和令人叹赏的现象——血淋淋的屠戮和人殉。私有制的发展，为人类群体进一步划出了社会等级的壕沟，贵族和奴隶关系的形成，在人类文化史上开始上演欺凌、压迫和奴役的悲剧。从甲骨卜辞为我们提供的种种信史材料来看，殷商时代的两大阶级阵营较夏代更为明朗，商王及其有血缘亲族关系的"王族""多子族"为统治阶级主体，较疏远的同姓贵族及异姓贵族包括各地"邦伯""侯田"为"百姓"（卜辞称"多生〈姓〉"），即基础力量；"众""众人""多羌"及其他中下层人民则构成被统治者，大量战俘无疑成为任人宰割的奴隶。商王已拥有一支强大军队（王作三阜），卜辞中"多马""亚""多亚""多射""戍"等武官名称，显示出军队已有较为严密的组织。特别是卜辞中出现了多种刑罚的名目，诸如伐（砍头）、墨、劓、宫、刖等，冷酷的人际管理手段已被赋予"法"的形式。殷商人的人祭、人殉尤其残忍，一次祭祀鬼神或先公先王的祭典，就能杀上几十、几百甚至上千人，《殷墟文字乙编》第5157片称祭祀时"卯千牛千人"就是一个极端的例证。有的人一生享尽荣华富贵，死后还要耗费大量财力和人的生命为其延续在"神界"的享受，有的人却变得连自己的身体和生命都不属于自己，毋须讳言，人类的文明时代就是在这种不平等的距离拉大中起步和发展的。

当然，任何一种质的飞跃都不可能是一蹴而就的，作为最初的王权统治的国家体制，无论夏朝还是商代，都还明显带着种种从原始部落组织向贵族集权社会过渡的痕迹。就现有有限的材料来看，整个夏代所突出面临的问题，常常还是部落之争。据载夏启立国后，曾遭到有扈氏的强烈反抗，启不得不率部属与之大战于甘（今河南洛阳西），这便是夏史上有名的"甘之战"（《尚书·甘誓》）。夏代前期东夷首领后羿在启之孙夏后相即位后争夺夏政（《左传·襄公四年》），也明显带有夷夏两族矛盾的性质。另外，夏代国家机构中的顾问咨询官属，名称有"三老""五更""四辅"（《礼记·文王世子》），还有"四岳"（《尚书·尧典》），实际上是一些与夏室结盟的部落首领，所以夏王要"父事""兄事"之（《汉书·礼乐志》注）。至于商代，王位世袭制中的嫡长子继承制仍尚未确立，既实行父死子继，又实行兄终弟及。从成汤到帝辛的商代十七世中，兄终弟及的多达九世，这比夏代还更不严格。商王朝基本实行的是一种方国联盟的政治形式，由部落直接转化而来的方国部落势力在商朝政治活动中也常常举足轻重。最初商汤就是通过联合各部落力量"殷革夏命"，作为方国势力代表的伊尹从中起到了关键作用。后来商王太甲还一度被伊尹放逐（《史记·殷本纪》），更是王权尚不完备的一个表现。政治生活中仍保留原始军事民主制遗制，无论成汤讨夏，盘庚迁殷，诸多大事都要"谋及卿事，谋及庶人，谋及卜筮"（《尚书·洪范》），子姓族众对于军国大事的决策也还有相当大的发言权。

　　跨过史前阶段而新生的夏商审美文化，就是在这样一种从原始向文明迈进的过渡性的时段中展开的。过渡，既意味着前后因素的交替、混合、嬗变，也意味着由此而产生的特有的多元文化精神和现象的存在。无论夏还是商，就都明显表现出这一文化阶段共同的精神特点。一方面，经过了上百万年的生息搏击，人已经从与自然混沌合一的状态中分化出来，开始意识到人的作为，剧增着向自然索取的欲望和维系社会的需要；另一方面，还未真正走向成熟的人类仍在茫茫荒野中摸索利用和控制世界的途径，在找到这个途径之前，固有的神灵观念还萦绕在人们的脑际，那个捉摸不透也还把握不了的自然之上的冥冥之力，便被作为最高的主宰——帝，成了人们的希望所在。因此，这是一个巫史活动交织的时代。"巫"作为介于人、神之间的特殊媒介，作为取悦神灵、探知神意、指示行动、谋福人类的神智之人，最典型不过地体现了这种过渡的性质，即：人通过对神施加影响来支配自然，来把握自己的命运。"史"最初作为用文字刻划来从事占卜的职掌，与巫几乎没有分别，同样在记录、分析着神意的显现，只不过在后来的发展中越来越增加着人为努力的成分。巫和史，便是夏商这个过渡时代特殊文化现象的一个标志。

有夏一代，因为资料的匮乏，具体的巫史活动尚难寻觅，但它的开国之主夏启，相传曾"珥两青蛇，乘两龙"，"上三嫔于天，得《九辨》与《九歌》以下"(《山海经·大荒西经》)，并曾亲自舞于"大乐之野"，本身就是一个大巫。商代更完全被笼罩在巫史文化的氛围之中，"率民以事神"曾是古人赋予它的区别于后来周文化的一个基本特征，堆在地下的那数以万计的一具具用来祭祀的人牲，那张着血盆大口含着人头的饕餮形象，都证明了此语不虚；事事问卜，样样占卦，大量出土的卜骨更是明证。史载几乎在每位商王的朝廷上，都有凭神意指点江山的大巫觋，成汤时的伊尹，太甲时的保衡，太戊时的伊陟、臣扈、巫咸，祖乙时的巫贤，武丁时的甘盘(《尚书·君奭》)，就都身份不凡。

夏商之际神秘、绮丽、象征的种种审美现象，就是在这种巫史交织的特定文化氛围中产生的。歌唱和舞蹈在祷天祭神的巫歌巫舞中发展，绘饰和雕刻在"司（后）母戊鼎"上呈现，书法艺术在卜知天意、预知未来的巫事史刻中起步，审美理想也驻足在对祖帝一元的太阳神鸟的崇拜之中。这是人类在结束了史前稚拙蛮荒时代，向文明艺术演化过程中必然呈现的景观，审美活动更广泛的开展，审美艺术更加丰富成熟的成果，也是在这个过程中获得的。

〔1〕　《光明日报》新华社太原2000年6月6日电。

1

『以众为观』

传说中的夏代器雕和乐舞

　　把各部落联盟集中到自己麾下的夏王朝，其审美文化首先便给人以阔大奇伟、统领天下的感觉，只是由于年代久远，这种印象大多是由传说提供给我们的。不过参照新的考古发现，梳理传说资料，夏人的文化踪迹还是清晰可寻的。

九鼎："远方图物"
与九州归一

据史载，夏商周三代，有象征国家政权的传国之宝——九鼎，一直是有国者的荣耀，也是野心家的梦想。春秋时，周定王派王孙满到楚国去慰劳楚王，羽翼渐丰、意欲争雄中原、觊觎周室的楚庄王便"问鼎之大小轻重焉"（《左传·宣公三年》），"问鼎中原"由此成为争霸的代名词。战国时，迅速崛起、已成吞并之势的秦国则直接"兴师临周而求九鼎"，只因周谋臣用计搬来齐国救兵方才作罢（《战国策·东周策》）。从这些记载来看，九鼎的存在应该是不成问题的。

这经常"惹是生非"的九鼎，还颇有来历，据说乃是夏禹治水划定九州之后所铸，以象征九州归一，中原大地已步入统一的王权时代。王孙满在回答楚庄王"问鼎"时便说，"昔夏之方有德也，远方图物，贡金九牧，铸鼎象物，百物而为之备，使民知神奸。故民入川泽、山林，不逢不若。魑魅罔两，莫能逢之，用能协于上下，以承天休"（《左传·宣公三年》），《史记·封禅书》更直称"禹收九牧之金，铸九鼎，皆尝享鬺上帝鬼神"。从这些叙述中，还可知这九鼎不但铜铸而成，而且雕刻着"百物"之象，更有着享神避邪的宗教力量。作为相传为夏人所铸的艺术瑰宝，九鼎对于考察夏代审美文化的特点还是极有价值的，而前提则是确定它出现于夏代的可能性究竟有多大。

夏代，曾经是一个十分扑朔迷离的朝代，与古籍如此屡屡提到的情况不相应的是，至今尚未见到当时的文字记载，关于它的考古发掘，也是既少又难以确指。自1959年考古工作者在河南进行夏墟调查时发现偃师二里头遗址以来，经过40年的发掘与研究，特别是1983年偃师商城的发现，使很多原来误把二里头遗址当作商汤所居之亳的学者重新确定了亳的位置，近年学术界已普遍将二里头文化作为考察夏文化的首选对象。启动于1996年的夏商周断代工程所取得的种种成果，也大多确定了这一结论。

从二里头文化诸遗址出土的情况看，当时的社会分工已经比较精细，不仅手工业与农业已经分离，在手工业内部，铸铜、制陶、琢玉、制骨以至木工建筑都已出现专业分工。更值得注意的

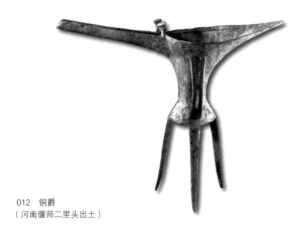

012　铜爵
（河南偃师二里头出土）

是，在二里头文化遗址中，发现了青铜容器——

铜爵（012）（据测定合金成分为铜92%、锡7%，

属锡铜器），此外还有铃、戈、镞、戚、刀、锥、

鱼钩等青铜乐器、兵器、工具等，说明此时已经

进入了青铜时代[1]。

就纹饰而言，限于出土的这些青铜器多为

小型实用器物，尚未发现上面有雕刻或绘制的

图样，但在二里头出土的玉器等礼器和装饰品

上，纹样工艺已经达到比较成熟的水平，像其中

出土的一件柄形玉器，上面有上、中、下三组兽

面纹，其间饰两组花瓣纹，兽面用单线和浮雕

相结合的技法雕成，线条已相当流畅。这里还出土有一件**兽面铜镶玉牌**（彩图17），表现出较高的工艺水平。至于已更多作为实用器物的陶器，一般多配以简单的篮纹、绳纹、方格纹、弦纹、附加堆纹和各种印纹，但个别陶器上还是刻有鱼纹、蛇纹、兽面纹等，显示着与众不同的功能[2]。

据考古学家介绍，偃师二里头文化遗址清理出数十座墓葬，明显分为大、中、小三个等级，这乃是人类已进入贵族等级社会的必然反映。大型墓只发现一座，可惜已被盗掘一空[3]。上述铜器、玉器只是中型墓中的文物，小型墓随葬品则只有少量的陶器。这种情况多少影响了二里头文化出土作为夏文化生产和艺术水平代表的典型性，也就是说，可能还有更能代表夏文化最高水平的器物尚未发现，或已经不知流入何方。尽管如此，就现有发现的这些器物及其纹饰，也已经显示出生产力的发展和工艺的成就。

有这样一个水平作基础，夏人合九牧之金（铜）以铸九鼎的传说应该不是毫无根据的。不否认传说会有不少附会、夸大的成分，《战国策》称"昔周之伐殷得九鼎，凡一鼎而九万人挽之，九九八十一万人"即是。但鉴于此前氏族部落时期已大量出现的象征权威和力量的玉琮及其徽识图案，考虑到其后的殷商已有相当高水平的青铜彝器，以夏代建立起一个统领诸方的联盟王朝，倾全力铸造出代表当时最高水平的铜鼎，通过集中绘饰各方国徽识和诸方异物，以显示一统的王权，当在情理之中。

因此，九鼎首先便是人类进入了一个新的历史层次——联盟国家体制的象征。所谓"远方图物"，很可能就是王朝将所辖九州各方国的兽形图纹或者就是各氏族集团的图腾摹绘下来，然后把它们分别涂画或铸造在诸多个鼎器上面，这些鼎器的组合，就是一面联盟的大旗。当然，有征服者，就有被征服者。为了显示胜利者的骄傲，在这些图饰当中，极可能还要标识出被征服被消灭部落和氏族的图腾，这便有了所谓"神奸"的区分，在当时人看来，敌对部落的图腾无疑就是奸邪之物。可见这些"百物而为之备"的画面世界，展示的却分明是人间社会集团关系的变迁。

　　九鼎的宗教功能同样体现着这种交织着神意和王权的文化特征。《左传》称"用能协于上下，以承天休"，《史记》称"皆尝享鬺上帝鬼神"，都在强调九鼎不但是王权的象征，还是重要的享祭上帝鬼神的礼器，而这种享祭与以往最大的不同就在于，诸方图腾汇集到一个祭坛上，所享祭的就不会再是各自的神祇，伴随着地上王权的建立，天神一元——上帝的观念正在形成。

　　应该说，除了九鼎所显示的神权和王权特征，无论是其绘饰诸方图腾妖邪的纹样，还是作为享祭上帝的礼器，都还明显带有氏族时代器物的文化遗留；不过九鼎"远方图物"，"百物而为之备"，还有个"使民知神奸"的作用，这一说法毕竟透出了新的审美信息。"百物"被分为"神"和"奸"，也即好和坏两大类，各具图像，使民识之，实际上有着展示各地方物、图腾、异兽、奇物的功能，绘画艺术第一次部分地从原始象征、宗教神秘的氛围中剥离出来，萌生了写实、再现、认知的审美因素。而汇聚"百物"，则显示了新兴联盟国家前所未有的包容天下的大千气魄。

从夏启之舞到夏桀之乐

在关于夏代艺术的传说中，还有一部其名气丝毫不亚于九鼎的大型乐舞作品，这就是《大夏》。《吕氏春秋·古乐》明确提到："（禹）命皋陶作为《夏籥》九成"，《夏籥》就是《大夏》。从名称可知其中的主要乐器（或兼舞具）当为"籥"，即一种芦苇或竹管制成的吹奏乐器；乐歌和乐舞要演唱九段，故称"九成"。《礼记·明堂位》更有关于《大夏》表演形式的叙述，称"皮弁素积，裼而舞《大夏》"，即头戴皮帽，下身着白裙，上身裼露。不用说，舞容应该是相当粗犷古朴的。这部作品后来成为历代宫廷经常上演的重要节目，《穀梁传·隐公五年》便有"舞《夏》，天子八佾，诸公六佾，诸侯四佾"的说法，即规定演出《大夏》，天子用八八六十四人的规模，诸公用六八四十八人的规模，诸侯用四八三十二人的规模。参加演出的乐人每八人排成一列为一佾。（按，《左传·隐公五年》提及"舞万"则曰"诸侯六佾"："考仲子之宫将万焉。公问羽数于众仲。对曰：'天子用八，诸侯用六，大夫四，士二。夫舞，所以节八音而行八风，故自八以下。'公从之。于是初献六羽，始用六佾也。"）另据《周礼·春官·大司乐》，周代还特别用《大夏》之舞来祭祀山川鬼神，所谓"奏《蕤宾》，歌《函钟》，舞《大夏》，以祭山川"是也。直到春秋战国，《大夏》仍在一些诸侯国的宫廷中流传，鲁襄公二十九年（前544）吴公子季札在鲁观乐，就有《大夏》之舞，观后他情不自禁地感叹道："美哉！勤而不（丕）德，非禹其谁能修之？"（《左传·襄公二十九年》）

根据后代演出《大夏》的这种种情况加以推断，可知这部作品最初可能就是为庆祝战胜洪水而上演的一种集体乐舞，主要内容便是歌颂大禹划定九州的奠基之功和勤劳艰辛而不居功自傲的品德。周代将其专门用于祭祀山川，应该就是取其治水平土的特别含义；"裼而舞《大夏》"的情景及后来的"八佾"之说，则可以想象当年这一乐舞展现治水情景的舞容和群起而舞的规模。其模拟性和粗犷蛮武的风格无疑还带有原始氏族时代集体乐舞的风貌，而其宏大壮观的规模以及以歌颂首脑人物为主要内容的结构，则预示着一个崭新的王权国家的诞生。

继大禹而立、建立了夏王朝的夏启，似乎与

音乐、舞蹈更有不解之缘，关于他的传说，绝大部分都涉及歌与舞。其中最著名的当然是《山海经》中言及《九辩》《九歌》来历的那一节：

> 西南海之外，赤水之南，流沙之西，有人珥两青蛇，乘两龙，名曰夏后开。开上三嫔于天，得《九辩》与《九歌》以下。此天穆之野，高二千仞。开焉得始歌《九招》。（《山海经·大荒西经》）

这个传说无疑已经高度神话化了，称夏后开（启）乘着两龙飞临天界，献给天帝三位嫔妃，遂从天上得到了《九辩》和《九歌》两部乐舞作品，带回人间，从此他便得以亲自演唱《九招》之曲。此事在上古其他典籍中也多有提及，《离骚》称"启《九辩》与《九歌》兮，夏（下）康娱以自纵"；《天问》称"启棘（急）宾商（帝），《九辩》《九歌》"（按照《天问》此说，则是夏启三度到天帝那里去做客（宾），《山海经》中的"嫔"应通作"宾"）；《归藏·郑母经》也有"夏后启筮，御飞龙登于天，吉"的条目。《九辩》《九歌》作为古乐曲名，在后来的楚辞中仍在沿用；《九招》即古代典籍中经常提到的《九韶》，

或单称《韶》，乃伴有舞蹈的乐歌，《离骚》就有
"奏《九歌》而舞《韶》兮"的诗句；郭璞注引
《竹书》称"夏后开舞《九招》"，今本《竹书》
称"夏帝启十年，帝巡狩，舞《九韶》于大穆之
野"，更可见"招""韶"相通。按《九韶》古人
多以为是大舜时的乐曲名，《庄子·至乐》"奏
《九韶》以为乐"，成玄英疏谓"《九韶》，舜乐名
也"。这样说来，夏启所登临的帝所，所从求得
乐曲的天帝，或许就是舜了，所以《史记·五帝
本纪》才演绎道："四海之内咸戴帝舜之功，于是
禹乃兴《九招》之乐。"这里的"禹"，实应是指
禹的国家夏王朝了。

夏启"上三嫔"也好，多次登临帝所也好，
实都是在渲染他所演唱的《九辩》《九歌》《九
韶》作为"天乐"的神圣性，这样的乐歌乐舞自
然不会是普通的作品，而应该是沟通人神的巫歌
巫舞。后来楚辞中上演的同名歌舞剧《九歌》就
完全是祀神之曲，似乎也可以做一个参证。不过
这里最值得注意的还是夏启的亲自演唱、演唱形
式以及由此涉及的他的身份。乘龙登天不过是一
种想象之辞，实际的情形就是他在做着乘龙飞升

的舞容，"珥两青蛇"则是他奇异的装束，其中分明还透着原始图腾的意味。夏先民以龙蛇为图腾，夏人崇尚龙文化，这在典籍和出土中均有迹可寻，比如《列子·黄帝经》称夏后氏"蛇身人面"，以姒为姓，"姒"即"巳"，古字作"𖡡"，即蛇；夏禹的"禹"字从"虫"，而"虫"在甲骨文中恰与"巳"同字。神话称禹父伯鲧因盗神土治水为帝所杀，死后"三岁不腐，剖之以吴刀，化为黄龙""是用出禹"（郭璞《山海经》注引《归藏·开筮》），可见夏先人又被视为龙的化身。而在二里头文化的陶器中，恰好多有巨目有鳞的龙蛇纹，更可见夏人与龙蛇的特殊关系。夏后启用这种不同寻常的乘龙的动作和珥蛇的装束，表现着与神沟通的内容，这不分明就是一位大巫吗？

对此，《山海经·海外西经》的一段记述似更典型：

> 大乐之野，夏后启于此儛《九代》，乘两龙，云盖三层。左手操翳，右手操环，佩玉璜。在大运山北。一曰大遗之野。

《九代》或即《九招》，或如陈梦家所说，是《九隶》，隶，象又（手）持牛尾，亦即《九歌》"成礼兮会鼓，传芭兮代舞"中所说的"代（隶）舞"〔4〕。这里更有意思的是夏后启舞蹈时的道具。"乘龙"自当如前所述，乃飞升天界、与神交通的形象表现；"翳"即"翿"，一种合聚鸟羽下垂如盖的舞具，舞者在此挥舞着应该就是象征"云盖三层"；至于"环"和"璜"，一为中空的玉璧，一为半圆的玉璧，恰恰都是当时巫术活动中的享神之物和避邪之物，《山海经》所谓"瑾瑜之玉为良……天地鬼神，是食是饗，君子服之，以御不祥"（《西山经》）是也。

从即父位建立第一个"家天下"的王朝起，夏后启已是一国之主，一位地道的君王；与此同时，他却又亲自操翳持璜，大举上演神秘的巫术歌舞，充当巫的角色，这典型地反映了人类社会早期氏族向国家过渡阶段"巫师兼国王"（弗雷泽《金枝》语）的特有文化现象。作为刚刚从原始氏族社会脱胎出来的一个王朝，巫术活动仍在国家文化生活中占有相当重要的地位，身为一国最大的巫师，夏后启自然要大事巫歌巫舞，这便召来了后代已进入新的文化阶段的人们的非议，称他"自纵"（《离骚》），称他"淫溢康乐"（《墨子》），其实这只不过是夏代巫风之盛的一种表现罢了。

似乎是有意要与夏代第一位国君夏启的"耽于"歌舞遥相呼应，关于夏代最后一位国君夏桀的传说，也有相当一部分是涉及音乐歌舞的。《管子·轻重甲》就称，桀有"女乐三万人，晨噪于端门，乐闻于三衢"；《吕氏春秋·侈乐篇》也说他"作为侈乐，大鼓、钟磬、管箫之音，以钜为美，以众为观"。看来，承着夏禹《大夏》的余绪，继续着夏启纵情歌舞的热情，这时的夏乐仍以庞大的规模和风靡的状貌为其特征，所不同的是，这里似乎已不再是群众性的集体上演，也不再是国王而兼巫师的亲自登台；"女乐"的出现，意味着专门从事音乐舞蹈活动的人员已从群体中分离出来，社会功利意义浓重的原始音乐艺术已开始向着较具审美价值的音乐活动方向发展。尽管在夏桀亡国的种种因素中，人们也把这纵情声乐算上一条，而从审美文化的发展来说，却不能不看到其中所蕴含的新的突破。

鼍鼓与特磬

就这样，古代文献和传说为我们描绘出了一种颇为辉煌的载歌载舞的大夏文化。应该说，其中更多地带有传说中特有的神奇色彩和情感成分。不过，近年来考古发掘所提供的一些相当于夏文化或先商文化的音乐文物，起码是部分地为这些记载和传说作了注脚。

前面已经提到，山西襄汾县陶寺村已发现上万座四千多年前的古墓，其年代的上限略早于夏，晚期已经进入夏的纪年范围，其地域又正处在晋西南夏墟范围之内，其中一些大型墓葬中就出土了为数较多的木鼍鼓、**大石磬**（彩图18）、土鼓等大型乐舞所习用的乐器。鼍鼓都呈直立桶状，用树干挖空而成，外壁涂有彩色。鼓皮面虽已朽坏，但鼓腔内常见散落的鳄骨板数枚至数十枚不等，可见这些鼓曾是以鳄皮为面的，无疑即古文献所载的"鼍鼓"〔5〕。鼍鼓在后代总被作为气派非凡的表征，《诗经·大雅·灵台》有"鼍鼓逢逢"的诗句，汉代司马相如以夸饰为其特征的《子虚赋》也有"建翠华之旗，树灵鼍之鼓"的名句，由此不难想见当年鼍鼓的声势。而这些鼍鼓又恰恰与特磬、土鼓同出一墓，且摆放位置固定，可知它们应是同时用于乐舞演奏的。此外，山西夏县东下冯夏代遗址也出土有一件特磬，长69厘米，高55厘米，上部还有一个悬吊用的穿孔，是目前已知年代最早的石磬[6]。这样说来，鼍鼓、特磬等作为夏代大型乐器，应该是没有问题的了。

至于其他乐器，前面已经提到夏代青铜制品中有铜铃，铜铃较之史前已有的陶铃自然是更加响亮悦耳；管箫类乐器此时也当更加丰富，《大夏》又称《夏籥》，显然是因为"籥"在其中所扮演的重要角色，而"籥"从字的造型上就可知是竹管或苇管编排组合而成的多管吹奏乐器，类似后代的排箫。作为一种旋律乐器，"籥"在夏代乐舞中受到如此重视，也可见音乐追求从单纯重节奏向兼重旋律的变迁。

由此看来，文献关于夏代已兴"大鼓、钟磬、管箫之音"的说法，还是言之有据的；以此类推，传说中关于夏代的九鼎之像、《大夏》之乐、《九代》之舞，也应该是有些影子的。

作为中华民族历史上一个一统天下的王朝国家，夏代用它"远方图物"合聚"百物"的铜器雕饰，以其大规模的音乐歌舞，显示了"以众为观"的审美气派。这是跨越史前进入新的历史纪元所带来的一种崭新的景观。其粗犷、其神怪、其群体性，还带有原始氏族时代野性的遗留，图画认知功能的强调、旋律器乐的突显、女乐的出现，又分明显示出新的艺术因素的滋生和增长。而夏启的国君而兼巫师，则正可以作为这种从氏族到国家、从原始到文明发展过渡的一个象征。

〔1〕　参见《中国大百科全书·考古学》第116—118页"二里头文化"条，中国大百科全书出版社，1986年版。

〔2〕　参见《中国大百科全书·考古学》第118页"二里头遗址"条，中国大百科全书出版社，1986年版。

〔3〕　参见同上。

〔4〕　《商代的神话与巫术》，见《燕京学报》1936年第20期。

〔5〕　参见高炜《1978—1980年山西襄汾陶寺墓地发掘简报》，《考古》1983年第1期。

〔6〕　参见徐殿魁《山西夏县东下冯遗址东区、中区发掘简报》，《考古》1980年第2期。

2

甲骨文
文化符号、书面『文学』和『线的艺术』

　　清光绪二十五年（1899），在北京任国子监祭酒的王懿荣偶染疟疾，这一病却使他功垂千古，因为在为此病而吃的一味叫做"龙骨"的中药上面，他意外地发现上面刻有由纵横曲直交错的线条组成的符号。出于古物收藏家的敏感，他认定这是一种古老的文字，于是派人到药铺大量收购这种带字的"龙骨"，并与北京的考古学家、金石学家刘鹗一起做了详细的考证鉴定，三千多年前殷商时代的刻划文字，也是今见中国最早的系统文字，就这样被发现了。

原来，在当时还是一个名不见经传的极小的村庄——河南安阳小屯村，农民们在耕地的时候，屡屡发现有龟甲、兽骨随土翻起，上面多有刻划，有的中缝还涂着朱红。这些线条和色彩竟没有引起任何注意，他们把这些从土里得来的东西当作中药"龙骨"称斤论两地卖给了中药铺子。

这才有了后来王懿荣在中药中见到的带刻划的"龙骨"，这才有了第一次对"龙骨"上刻划的研究，这才有了殷商文字的伟大发现。因为这些文字都是刻划在龟甲兽骨上的，研究者们送给它一个贴切而响亮的称谓——甲骨文。

转眼间，河南安阳小屯村成了举世闻名的古迹胜地，因为根据这里"田中累累皆是"的甲骨文片，人们不难断定这里正是司马迁《史记》所说的"洹水南殷虚上"（《项羽本纪》），乃商第十代王盘庚迁殷后的京城旧址。这里共经历了八代十二王，计273年。虽然开始有农民不知情的随意翻动，后来有商人牟取暴利的滥掘，甲骨文片的地下布局遭到了一定的破坏，但后来十几次有组织地发掘，仍可见它们层层累积、专门储藏的迹象，有学者因此而提出了它们乃是殷商王室档案的说法。这些迄今已出大约10万片的庞大档案，必是因殷末纣王的荒淫亡国、殷都的顷刻间化为麦秀之墟而湮埋于地下，早在《尚书·多士》中就已经被提到"有册有典"的殷人的文字从此不再为世人所知，直到三千多年后，这些文字档案才重又见了天日。

有如此丰富的文字档案做"资本"，殷商从此结束了只在史载和传说中被感知的历史，一个活生生的信史时代真真切切地摆在了历史学家们和世人们的面前。

当然，它们不止是文字档案，就审美文化而言，它们在提供时人的活动、心理的同时，作为系统的、有组织的文字，本身就是一些崭新的"作品"，文字的内容是书面诗歌、散文的第一次"露面"，文字的形式又是书法艺术的第一次展示。仅凭在审美文化艺术门类方面的开辟之功，甲骨文就是弥足珍贵的了。

**占卜记录与
"史"的崛起**

首先，作为历史档案，甲骨文有它的特殊性。

这些刻划着文字的龟甲兽骨绝大部分都是在时人进行占卜活动时留下来的，也就是说，这些作为档案的甲骨文，本身其实都是卜辞和卜事的记录。

占卜，是人类巫术活动的一项重要内容，源于人们预知未来、决策行动、获得成功的强烈愿望，基于万物受制于冥冥主宰的原始思维，以素朴的天然征兆预测为其前身，以通过某种操作去主动请求或发现天意神兆为其"原理"。较之《山海经》中记录的大量原始征兆观念，诸如"有兽焉，其状如牛而虎文……见（现）则天下大水"（《东山经》），"有兽焉，其状如豚而有牙……见（现）则天下大穰"（《东山经》）等等，此时所大兴的占卜，意味着不再被动等待异物示兆的偶然出现，而是随着人类生产活动和社会活动的日趋频繁，迫不及待地就要在卜物身上找到征兆。这是人类开始向自然主动进击、开始自己主宰自己命运的第一个努力——他们正是用那些钻出的眼和烧出的裂纹，明明白白地在自然物上烙下了人为的痕迹；而其中所体现出的神意即"写"在卜物上的观念，又毕竟仍属于幼稚而荒谬的认识。这种主动与被动、成熟与幼稚等等的双重交织，就是占卜的特性之所在，也是它们恰恰时兴于从原始向文明过渡的文化时期的原因之所在。

当然，占卜这种明显带有过渡性质的文化现象，并不始于殷商时代，新石器时代的龙山文化遗址中就出土有鹿卜骨、猪卜骨、羊卜骨、牛卜骨等等。然而殷商时代这大量甲骨卜辞的出现，却标志着以占卜活动为中心的文化的到来。尤其是此时的占卜开始有意识地刻记上文字符号，并由此促进了系统文字的发展，更开启了一个可称作巫史文化的新阶段。

从这些龟甲兽骨的刻划中不难发现，殷人几乎每事必卜，每卜必记。他们首先把从各地进贡来的龟和祭祀用过的牛进行整治，取龟的腹甲和牛的肩胛骨刮平磨光，然后在上面钻上眼、凿出槽。占卜时，占卜者必在这龟腹甲或牛肩胛骨上先刻上"前辞"，即占卜的时间、地点、操作者名姓等必要的交待；再刻上"命辞"，即卜问的

事宜，诸如"王田于斿，往来亡灾？""戍其丧
人"。然后，操作者也即"贞人"或"卜人"便
开始灼甲骨，使之出现直行或横行的裂纹，即
"兆"。贞卜之人或者君王本人，就根据这些兆纹
来判断吉凶，预知事端。做出的判断随即就刻记
在兆纹的旁边，称为"占辞"。占卜之事到此便
可告一段落。只是甲骨务必悉心保存，因为卜问
的事情发生之后，事情究竟是个什么结果，根据
兆纹判断的"占辞"灵验与否，都必须在该甲骨
上补充刻记，这就是"验辞"[1]。至今保存完整
的甲骨文片，就大体都具备这四个部分。如《殷
墟书契菁华》所收的第七、八两片，实为一块牛
肩胛骨的正反面，便正反衔接刻记着一次卜算天
气的过程：

> 庚子卜，争贞：翌辛丑启（晴）？贞：翌辛丑不
> 其启（晴）？王占曰：今夕其雨，翌辛丑启（晴）。之
> 夕允雨，辛丑启（晴）。

一位名"争"的贞人在庚子日准备好一块牛肩
胛骨，要卜问的是第二天辛丑日是晴还是不晴。
然后便在这块牛肩胛骨上烧出了纵横交错的兆

纹。接下来是由殷王来判断结果，殷王观兆后称今晚有雨，明日放晴。这殷王还真是神算，因为验辞上分明记着：那晚果然下了雨，第二天辛丑日果然是个大晴天（之夕允雨，辛丑启〈晴〉）。

把占卜的时日、人员、内容、判断、特别是后来灵验与否的结果都如此严肃地刻记下来，人类"史"的意识开始萌芽。甲骨文中"史"便写作"𠂤"，《说文》称："史，记事者也。从又（手）持中；中，正也。"其实，"中正"观念当是后人的附会，初始之意应是像一只手握着一把刻刀或一个"笔"筒，就是在进行占卜的记录。此时，巫和史的执掌基本上还是二而一的，不过是同一巫术占卜活动的两个环节；但是，一次次的记录使占卜变得有"据"可查，有"例"可依，这就增加了人类总结、归纳、认知等思维活动中的理性意识，不管其卜知神意的基本内核多么荒谬，这种欲通过记录把握规律的愿望却是人类进步的一个标志。所以，这种"史"的活动一旦开始，就预示着它终将与巫术分道扬镳，进入人类历史科学的新范畴。

**史刻中形成的
系统文字**

人类文明的一个重要标志，系统通行的书面文字，也正是在这种史刻需要的促动下迅速发展起来的。说起来，正像占卜在史前已经出现，记录语言和意识的符号——文字，也并不始于殷商。近几十年考古学家们已陆续在新石器时代的陶器上发现了许多刻划符号，并断定它们就是我国最早的文字，或文字的雏形。比如迄今发现最早的陶器划符可追溯到西安半坡仰韶文化遗址出土的约二十多种符号，比甲骨文要早三千多年；同类性质的符号在陕西临潼姜寨、甘肃半山和马厂、青海乐都柳湾等仰韶和马家窑文化遗址中也都有出土。而在后来的大汶口文化遗址中，更发现了几个已十分接近象形文字的刻符，如山东莒县陵阳河出土的一具陶尊，其口沿下部的陶文"旦"字，上面是圆圈表示太阳，中间是云气的简笔图形，下面几个折笔画出群山的状貌，十分形象地会意出日出为"旦"的字意，已是比较完整的文字[2]。尽管如此，完整的文字毕竟极少，且相当零散，极不统一，尤其是还不见组成词句、能完整表达语义思想的系统文字，因而只能算是刻划的符号。

殷商时代这些龟甲兽骨上用做占卜记录的符号——甲骨文，却已是相当成熟的文字。首先是文字的数量激增，尽管大量甲骨在被研究者发现之前遭到随意破坏，就在迄今所发掘的甲骨文片上，还是已计有五千多个单字；这些单字无论造型、字义都已比较固定，后代总结字源的"六书"之说，诸如象形、会意、指事、形声、假借、转注，在这些字的形成和使用中几乎已全部齐备；而且这时已有较为系统的语法，可以流畅、准确地表达语言和思想。

文字的诞生，是人类概括事物能力提高的一个证明。当然，作为最早的系统文字，甲骨文字的图画色彩还相当浓重，"六书"中象形占的数量最多，而且这些象形字大多笔画繁复，还明显带着从原始绘画脱胎而来的痕迹。尽管如此，文字毕竟已完全不同于绘画的含义。就思维而言，它们有着具体和概括的本质不同。比如"虎"字，在甲骨文中仍还刻划的有首有尾有腹背有腿爪，身上还有繁密的斑纹，但它已经不是哪一头猛虎，而是所有虎类的一个符号；有了这些符号，人们就可以组合出更加宽泛的内容，就可以脱离具体的事物、故事来谈论一般的道理和思想了。

书面表达：

一个审美的新视野

正是靠着这些已具有广泛表现力的文字，甲骨文真真切切记下了殷人一次次占卜的过程和结果，也就实实在在记下了他们的种种希冀、期待和心情，记下了他们的各样活动和遭际：

壬申卜，贞：王田鸡，往来亡灾？王固（占），曰吉。获狐十三。（《前》二，四二，三）

庚申卜，贞：我受黍年？三月。（《前》三，三〇，三）

庚午卜，贞：禾有及雨？三月。（《前》三，二九，三）

贞：戌其丧人？（《林》二，一八，二）

贞：我其丧众人？（《佚》四八七）

这些卜辞贞问的事项，有对出行后吉凶的担心，对能否丰年的期盼，对征战中伤亡与否的忧虑等等，让我们窥见时人在仍难以把握自身命运情况下惴惴不安的心情、为求福而审慎小心的态度和渴望了解神意的努力，至于其中所涉及的狩猎、农业、战争等内容，自然也是可以观照的对象了。文字，就这样以其在书面上依照一定语法无限组合的形式，为观照者提供了一个个伸缩自如的活动的场景和画面，呈现出一种种表述明晰的深层的心理和信仰，它含量的广大无边、内容的明晰准确，是任何绘画、雕塑等再现艺术都不可比拟的。

这就是书面语言艺术的魅力。所以，广义地说，正是从甲骨文开始，祖国艺术宝库增添了一个新的门类——书面"文学"作品。就其已经能够记录下占卜活动的过程乃至后来发生的事情而言，它们自应视为记事散文的雏形。其中有的已经记述得相当完整，甚至已经比较具体。比如《殷墟书契菁华》中的一段：

> 癸巳卜，散，贞：旬亡祸？王固（占）曰："有祟！

其有来艰。"迄至五日，丁酉，允有来艰，自西。沚貮
告曰："土方正（征）我东鄙，灾二邑。舌方亦牧我西
鄙田。"

癸巳日，贞人将龟甲整治平滑，钻眼凿槽，
然后在上面刻下了贞问的内容：十天之内会不会
发生祸事？商王据卜兆判断有祸，祸自外来。过
了五天，丁酉日时，果然发生了来自西边的进
犯。沚貮前来报告说，土方进犯了我们东部边
境，骚扰了两个邑县，还有舌方则侵犯了我们西
部边境的牧场。可见，这段文字虽然朴实、简
古，却详尽真切地叙述了事件的整个过程，时
间、人物、结果交待得清清楚楚，确已具备了一
篇短文所应有的基本要素。

进一步发展，记录文字就会脱离卜事活动的
羁绊，而成为纯粹的记事散文。这种散文在甲骨
文中虽然还属凤毛麟角，但确实已经出现。其中
最精美的一件，是《殷契佚存》第518片的**宰丰
骨**（彩图19）。无疑，这一刻字的"宰丰骨"，就
是殷王赏给兕的肋骨了。刻字虽然简短，却已然
是完整而纯粹的记事，不再带有巫卜性质了。另

有商王武丁时期的一件《**祭祀狩猎填朱牛骨刻
辞**》(彩图20),正面和背面共刻一百六十多字;
记载了商王武丁宾祭仲丁、乘车狩猎等等活动,
更称得上是一篇像样的记叙文了[3]。

甲骨文还把远古时代更为普遍的"歌""谣"
形式,第一次用文字展示出来。也就是说,有
些卜辞实际上就是一首合韵整齐、朗朗上口的诗
歌。如郭沫若《卜辞通纂》收入的一条卜雨的
贞辞:

> 癸卯卜,今日雨。其自西来雨?其自东来雨?其自
> 北来雨?其自南来雨?[4]

与记事散文不同,这里通过遍及四方的询
问,让人见到的是一种迫切盼望春雨降临的心
情,浓烈的感情就在这字里行间情不自禁地溢了
出来。更为重要的是,通过这些文字,远古的歌
声仿佛穿过时间隧道,流入了我们的耳中。它毕
竟是最早记载的诗歌形式,是书面诗歌的"真
迹",较之后代典籍追述的古歌,诸如"断竹,
续竹,飞土,逐肉"(《吴越春秋·勾践阴谋外
传》),"土反其宅,水归其壑,昆虫勿作,草木

归其泽"(《礼记·郊特牲》)等等，有着无法比拟的观照价值。

契刻文字：
"线的艺术"的萌芽

在用文字的奇妙组合结构出一篇篇记事短文、演绎出一个个事件片段、写下一首首"诗歌"的同时，甲骨文这些文字本身，还在审美艺术的殿堂里，开辟了另一个新的天地，这就是书法——"线的艺术"。

广义地说，较之西方美术的注重色块，中国古典美术总体上都可称为"线"的艺术，中国绘画就始终都注重线条的使用。然而书法，这一纯粹以线条、形体结构表现气质、品格、情感境界的艺术，却是中国美术所独具的线的艺术最典型的代表。甲骨文作为源于绘画的最早的系统文字，以模拟为特征的象形成分还相当浓重，更未离开实用的目的，因而就时人的实践和观念而言，还远不是"饰文字以观美"的自觉的书法艺术；但作为已从绘画脱胎而出的刻划文字，线条的弯直粗细、点线之间的结构组合，这些构成文字符号的形式因素，随着契刻的过程，自然而然已成为书者注意的对象，并进入观照者的视野，这就为有朝一日人们借此传达领受情感意趣、将书写发展为一门书法艺术，铺上了第一块砖或瓦。

就这样，不自觉中，殷商时代的"书法家"们已在龟甲兽骨之上，奉献出第一批独具风貌的"书法"作品。

首先，作为早期书写文字，材料、工具这些物质因素对于书法风格还有着相当大的决定意义。从出土的甲骨文片来看，有写而未刻的情况，研究者遂认为甲骨文一般都是先写后刻，但也有仅刻出文字横线的情况，据此又可知有些文字可能是直接刻在甲骨上的。不管是哪一种情况，或者二者兼有，最终这些文字都是用刀刻在坚硬的龟甲兽骨上的，因此它们是典型的契刻文字，是篆书体中最早的类型。这样，相对来说，直线、横线的成分就比较多，间以斜曲之线；同时，刀刻的线条大多纤细、劲俏，起笔落笔也是尖头尖尾，人称"尖头篆"，由此形成了"瘦劲有力、清奇秀逸"的笔线风致。

就字体结构而言，此时的文字尚多依赖于随物赋形所自然形成的姿态体式、繁简大小，故无论是同一个字还是不同的字，都常常是大小参差，长短不一，宽窄随意，疏密兼有，但每个字本身则天然具有均衡、对称、协调等合乎美的规律的造型特点，从而给人以随意、错落而又朴拙、平稳的视觉感受。

游弋在龟甲兽骨这不规整的书写空间里，作为占卜文字又随兆刻划，甲骨文的章法布局也呈现出特有的不规则块状形式，文字多下行，左转右转随兆纹而定，横不成行，竖已有列，却又因字体的有大有小和行的有直有弯而显得自由自在。

很难说这时的"书法家"们有没有开始在这些劲俏的文字形体上追求美的意味，但他们的确在有限的条件下和允许的空间里尽量追求形式美的效果。而且，其中有不少还特别在刻缝上涂上朱红或墨色，比如上面提到的现藏中国历史博物馆的《祭祀狩猎填朱牛骨刻辞》就是此类作品的

用两百多块绿松石镶嵌而成，是目前所知最早的铜镶玉制品，制作精美。

⑰ / 兽面铜镶玉牌
（河南偃师二里头出土）

⑱ / 大石磬
（山西襄汾陶寺遗址出土）

这是一根兕的肋骨，一面雕满了虺龙、饕餮、蝉等图纹，另一面刻着两行文字。记载的事情是殷王壬午日在麦麓田猎，擒获一头"商兕"，之后将其赏赐给了宰丰。

⑲ / 宰丰骨
（河南安阳出土）

⑳ / 祭祀狩猎填朱牛骨刻辞
（河南安阳出土）

㉑ / 司（后）母戊鼎
（河南安阳殷墟出土）

 / 四羊方尊
（湖南宁乡黄材出土）

周身布满精细的花纹，颈部饰有蕉叶纹、夔纹和兽面纹，肩部
另有四龙蟠绕，特别是腹及圈足铸出四个大卷角羊，羊的背及
胸部装饰有鳞纹。

通体铸成鸮的形象，宽嘴宽尾，圆眼高冠，粗壮的两足与尾成三足鼎立之状，给人以十分沉稳之感。而那微微昂起的首、向前突起的胸部和紧紧收敛的双翅，又造出庄肃威严之气。更值得一提的是，它全身都饰有饕餮纹、鸮纹、夔纹、蝉纹等，身后又呈兽头状，头部后方所开半圆形口盖上则铸有鸟状和龙状，并也饰鎏饕餮纹。这些繁饰无不使整件作品在基本写实的造型上，又平添神秘、怪异的色彩。

23 / **妇好鸮尊**
（河南安阳殷墟妇好墓出土）

24 / **象尊**
（湖南醴陵狮形山出土）

通体铸成长鼻高挑，四足稳立的大象形象。这尊象前额扁平，嘴向前突出，门牙外龇，眉突起，眼圆瞪，鼻端做凤首，凤冠上又伏一虎，用作尊流的中空鼻向前上仲。

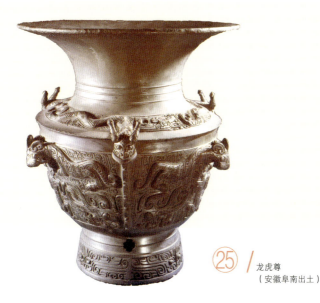

25 / 龙虎尊
（安徽阜南出土）

26 / 龙虎尊腹部
（虎噬人纹饰）

器形铸成类似虎的猛兽造型，以兽的首颈为主器，又由兽的前足、后足及尾构成器物的三个足，兽圆目突出，张口露齿，面目凶狠，前爪抓着一人，人的头部就置于兽的巨齿之下。

㉗ / 饕餮食人卣
（相传出土湖南，现藏法国巴黎博物馆）

28 / 双鸟饕餮纹铜鼓
（日本《泉屋清赏》著录商器）

29 / 鸮卣
（湖南省博物馆藏）

代表作。涂朱，这可能有宗教的意味，更可能就是在追求醒目、庄严甚至美观。"线的艺术"并没有排斥图画中色的运用，这与后代有些书法条幅配以花草、表上底色，自有异曲同工之妙。

　　总之，甲骨文的笔法、字体、构篇给人的整体感受是稚拙、有力、随意、错落，仿佛把先人们草创文明时那种拙而用力的精神都融了进去，尽管还没有后代书法的圆熟、优美、俊逸，但其中所蕴含的探索意味、稚拙之美，却是任何成熟的书法都不可能替代的。

　　甲骨文，它的出现本身就是殷商文化特质的一个象征。文字绝大部分是刻在经过钻凿炙灼的龟甲兽骨上面，功能是用来占卜，这是典型的巫事活动，而这一尚带有野蛮、稚拙意味的卜知神意的活动，却又孕育出记刻这一史学文明和散文、书法这些艺术门类的萌芽和诞生。巫史文化，这一人类从野蛮走向文明的必经之路，在甲骨文的这些刻划中得到了最生动的体现。

〔1〕　参见白寿彝主编《中国通史》第3卷，第110—111页，上海人民出版社，1994年版。

〔2〕　参见于省吾《关于古文字研究的若干问题》，《文物》1973年第2期。

〔3〕　参见《简明中国文物辞典》第100页，福建人民出版社，1990年版。

〔4〕　《考古学专刊·卜辞通纂·附考释索引（全）》第368页，大通书局，1976年版。

3

青铜饕餮

殷人崇神尚力的物化形态

与夏代铸金（铜）九鼎还只是靠着传说和推断来感知不同，殷商时代重磅而精美绝伦的青铜彝器，经大量考古挖掘，已经一件件，一尊尊，就清晰而实在地展现在人们面前。此时青铜器制造的数量之大、品种之多、分布地域之广、冶铸技术之高，都是前所未有、举世罕见的，难怪许多历史学家都把以殷商为中心的时代称作"青铜时代"（夏为萌芽，商为鼎盛，周为尾声），青铜器的确可作为这个时期生产力最高水平的一个标志，就今人所能看到的而言，青铜艺术也是此时审美文化一个最直观、最鲜明的代表。

如前所述，在二里头文化以及与夏年代相当的许多考古文化中，都或多或少出土有一定的青铜器，足以说明夏至早商已经进入了青铜时代。然而青铜艺术的勃兴，却是商代，特别是商代中期以后开始的。

郑州商城共发掘二里冈期中小型墓一百余座，其中凡中型墓就都随葬有鼎、鬲、斝、爵、尊、盘等青铜礼器。在商城西墙外的杜岭和商城东南角还各发现一处铜器窖藏，出土了两件大方鼎，即著名的杜岭方鼎。城东南的窖藏出土铜器13件，也有两件大方鼎，形制、大小、装饰均与杜岭方鼎一致[1]。以殷墟出土为代表的商代后期青铜礼器则已达到顶峰。器形除已见于郑州商城遗址的青铜器型外，还增加了瓿、甗、甑、簋、盂、卣、方彝、壶等礼器，另有矛、戈、刀、钺、镞、胄等青铜武器，斧、锛、铲、削等青铜工具，衔、镳、軎等青铜车马器，种类已是应有尽有，为数也相当巨大，比如位于河南安阳小屯村西北100米处商代第二十三代王武丁的配偶"妇好"之墓，是迄今所见唯一未经盗掘而保存完整、并能与甲骨文印证的商王室墓葬，墓内共出土铜器、玉石器、骨器、象牙器、陶器、蚌器等各类随葬品1 928件，其中青铜器达四百六十余件，礼器二百余件[2]，器类齐全，有炊器、食器、酒器、水器等，有些两两成对，有些件数成套，多铭有"妇好"或"好"等字样，当为墓主生前宴享或祭祀时所使用。

商代青铜器普及的范围已经相当广泛，除王城及王畿地区有大量出土外，隶属于商的各方国所在地也均有较多发现。如位于河北藁城县的台西商代遗址，位于山西石楼的石楼铜器群，墓葬中均发现有青铜器随葬品，形制品类也是一应俱全。这些青铜器与郑州商城及安阳殷墟所出大体相同，有些铜器上还发现有商代常见的族徽记号。位于陕西湑水河两岸的城固铜器群，共计出土青铜器400多件，大多出自窖藏，礼器有鼎、簋、方罍、尊、瓿、罐等二十多件，与殷墟出土的同类器物几乎完全相同；此外出土的双龙纹戈、虎纹钺以及人面具和牛头形兽面具，又表现出一定的地方色彩，因此也被推测是商代某方国的文化遗存[3]。位于湖南宁乡的宁乡铜器群，也是商代青铜器出土比较集中的一处，著名的四羊方尊、人面方鼎都传发现于此地，这里还有一处窖穴出土了五件大铜铙。特别是1962年和1970年这里相继发现了铜鼎和两个铜卣，器形和商代同类器完全相同，器内也有商代常见的族徽铭记，一卣内贮放各式玉珠、玉管一千多件，另一卣内藏有各种玉饰三百多件[4]。这些青铜及玉制品有可能是商代贵族从北方带来而埋入地下，也可能就是商代南方某方国的文化遗存，两者都可反映商代青铜文化的传播所及。至于1986年四川广汉三星堆发掘的与商代晚期相当的遗址，青铜器多达439件，应该也是商代青铜器发达的一个体现。

从出土情况来看，青铜礼器在当时是被视为最珍贵的器物来占有和使用的，尽管种类不胜枚举，但用于祭祀、宴享的礼器和用于权力象征的兵器占了绝大的比重；这些器物同时也是身份、地位和财富的象征。如位于湖北黄陂县的盘龙城

商代遗址，十多座墓葬明显分为三类，李家嘴一
带的大贵族墓随葬的青铜礼器和兵器多达几十
件，楼子湾一带的普通贵族墓只随葬一种或几种
青铜礼器，杨家湾一带的平民墓则没有青铜器，
个别的只有一件铜爵之类的小型礼器[5]，由此不
难见出青铜器所属的地位分别。因此，正像玉器
之于父系氏族时代的文化内涵，青铜器对于殷商
人来讲，与其说它们是实用器物，毋宁说更是社
会心理和精神生活的一种体现。也就是说，他们
更是把这些青铜器当作贵重之器和艺术品来享有
的。于是，时人把最高的工艺、最大的热情，都
倾注在这些器物的制造中，从而创造出了就当时
来说最富审美价值的精品和珍品。

厚重、富丽、神秘的美

正是在对这些青铜礼器精心的铸造
中，殷人融进了他们特定的审美趣
尚和追求。

首先便是追求器物的体大和厚

013 妇好三联甗
（河南安阳殷墟妇好墓出土）

重，高几十至上百厘米、重几十甚至上百公斤的重器屡见不鲜。诸如高100厘米、重86.4公斤和高87厘米、重64.25公斤的两件杜岭方鼎，妇好墓出土的通高80.1厘米、重128公斤的司母辛大方鼎，通盖高60厘米、重71公斤的妇好偶方彝，以及由一长方形架和三件大甑组成的长103.7厘米、通高71厘米、总重138公斤的**妇好三联甗**（013），湖南宁乡高58.3厘米、重34.5公斤的四羊方尊及高70厘米、重70公斤的兽面象纹大铜铙，四川广汉三星堆高达290厘米的大型铜铸人像，特别是殷墟著名的通高133厘米、长112厘米、宽79厘米、重875公斤的**司（后）母戊鼎**（彩图21），都可谓是"前无古人、后无来者"的。

殷商人在青铜器制造中所付出的艺术劳动，更体现在器表的精雕细刻上。此时的青铜器物，但凡礼器（包括酒器、食器、容器、炊器、水器等等）、乐器、用做仪仗的兵器等，几乎无不铸有繁富的纹饰，且常常是不留空隙、各种形象混合地布满器表的全身。比如宁乡**四羊方尊**（彩图22）。[6] 再比如妇好偶方彝，两条长边中部都有凸出的兽头，兽头两侧都饰以鸟纹，耳部又有突起的象头，象头两侧也各饰一鸟，腹部装饰的是大饕餮纹，圈足短边则饰有对称的夔纹；而形似四阿式屋顶的盖面，也饰满鸟纹和夔纹，两长边还各有一突起的鸮面[7]。还有宁乡兽面象纹大铜铙，周身是以饕餮纹为主，组成饕餮状的弧形粗线条上又布满云雷纹，左右两边和下边饰有六虎六鱼，上部鼓起的部分铸出一牛鼻突出的兽面，两边各有一夔纹，特别是它的两侧，又分别雕出一个卷曲着鼻子的立象[8]。这种繁密、混合、极尽雕饰之工的结果，把人们带进了一个十分怪异神奇、眼花缭乱的世界，确乎给人以不同寻常的感觉。

此外，这时还出现了将实用与立体雕塑融为一体的工艺作品，也体现出同样的艺术追求。其中最著名的如妇好墓出土的**妇好鸮尊**（彩图23）。[9] 它如1975年出土于湖南醴陵狮形山的**象尊**（彩图24），整尊象躯体肥大，四肢粗壮，全身饰以饕餮、虎、夔和凤鸟等图像[10]。这些处理也都使形象较少温和之气，多露威猛之态，并给原本可以逼真如实的造型赋予了奇异的想象色彩。至于湖南湘潭出土的猪尊和湖南衡阳市郊出土的**牛尊**（014），同样是完全摹拟动物造型，而其突出的圆目、不无夸大的粗壮肥硕的身躯、顶盖上分别作为抓手的立鸟和立虎以及器物全身所饰的夔纹、云雷纹等繁富的图案，也同样体现了殷人青铜艺术富丽、威肃、神秘的美学追求。

的确，无论其形器的厚重庞大，其遍布全身的各种变形纹饰，还是其颇为冷峻的动物造型，都更多给人以威严神秘的感觉。这里无疑还是一个被各种神话动物占据着的图像天地，不但各种

014 牛尊
（湖南衡阳出土）

器物周身布满由龙、凤、夔、虎、羊、牛、鸟等等变形而来的纹饰，口端、顶盖、流銎、边沿也多同时装饰上塑雕的动物造型；而在具体形象的处理上，动物凌厉的角和爪、卷曲的翅和尾、圆瞪的目、尖锐的牙等等又常常有意加以突出的表现。

不过，这种给人以威慑、压迫、敬畏之感的效果，还是在其中最突出的也是殷商艺术所独具的形象——饕餮身上，有着更集中也更典型的体现。

饕餮食人之谜

从上述诸多青铜器物不难发现，尽管殷人多喜以各种动物纹样充斥器表，且变化多端，但大多少不了一种图案，这就是饕餮纹。而且，只要有饕餮纹，该纹肯定是要作为主体纹饰，被铸刻在器表的中心装饰面上的。所谓"饕餮"，就装饰纹样而言，不过是经过幻化变形处理的兽面形象的总称，具体又有多种形式。有的分别以虎、羊、牛等几种动物为原型，主要截取其首足部分，经过夸大尖角、巨目、獠牙、利爪而成，更多的则是以棱鼻为中心，两个侧身的夔形对接，正好拼成一个正面的饕餮，同样形成尖角翻卷、双目圆瞪、龇牙咧嘴、利爪大张的状态。

其实，这已经是图案化的形象，真正具象化的饕餮，也是饕餮之得名的形象，则是一种更令人恐怖的造型设计，即口中含着人头的凶兽。饕餮纹的名称就是宋代学者据《吕氏春秋·先识览》所说"周鼎著饕餮，有首无身，食人未咽"一语而定名的。这里《吕氏春秋》所谓"周鼎"应该是对周初人所据有的商鼎的误称，因为迄今为止"食人未咽"的饕餮铜器还只多见于殷人的

015　大司（后）母戊
鼎耳（虎噬人头浮雕，
河南安阳殷墟出土）

出土，而且正是在殷人的青铜艺术中，这种形象
不但多见，且总作为神物铭刻在尊贵庄重的礼器
上。著名的**大司（后）母戊鼎耳**（015），即分别
铸有两个首部相向的兽形，巨口大张，中间夹着
一个人头；妇好墓出土的青铜大钺，钺面上也铸
有两个相向蹲立的猛兽，张开大口，当中也夹着
一个人头，与司（后）母戊鼎把手上的造型十分
相像；1955年安徽阜南出土的**龙虎尊**（彩图25），
肩部饰以三条蜿蜒的龙，龙头突出肩外，**腹部**

（彩图26）饰有三组浮雕虎噬人纹饰，虎一首双身对卧，头部突起成为圆雕，口中含有一人头，人头下的身躯做双手曲张的蹲立之状[11]。此类形象最著名的当属相传出土于湖南的两件**饕餮食人卣**（彩图27），或称"乳虎食人卣"（现分别藏于法国巴黎博物馆和日本京都泉屋博物馆）。[12]此外还有现藏美国华盛顿博物馆的一个三足觥和一把大铜刀，觥身就铸成饕餮之形，后面二足的根部各有一做交臂之状的人形，人的头上又刻有张口的饕餮面；刀背铸成蜿蜒的夔形，也是巨口大张，下面就有一侧身蹲立的人形，人的头部也整个含在夔的口中。

为什么狰狞的兽面占据了殷商青铜艺术的主体画面？为什么含着人头的饕餮会堂而皇之地出现于尊贵的殿堂？这些在今天看来极其不可思议的以狞厉为美的现象，不能不引起人们的追究和思考。对此，有学者从社会制度的层面，提出这是我国君主专制奴隶制下王权神权发展的特定阶段的产物，是我国奴隶制残酷本性的体现，饕餮"巨目、裂口、獠牙和锐爪"的狰狞，似凤非凤、似牛非牛、如虎非虎、兽面禽爪的怪异，乃是为适应突出王权和暴力需要进行综合加工的结果，目的在于引起神秘恐怖和敬畏的心情，从而进一步达到奴隶对奴隶主、下属对国君以及属国对殷族统治的屈从[13]。另有学者则从比较民俗学的角度，提出饕餮兽口的张开是象征着生与死、天与地两个世界的分界，兽口所含的人头则是可以陟降上下"作法通天"的巫师，"他与他所熟悉的动物在一起，动物张开大口，嘘气成风，帮助巫师上宾于天"[14]。

巫师作法通天的说法，触及到了殷商巫史文化的基本特征，从其他民族的民俗和艺术中，也的确能够找到根据，但具体到这些殷商青铜器，却有一些问题尚不能解决。首先饕餮含人头的器物并不都是巫师用来祭祀或作法的礼器，上面提到的妇好钺、夔食人刀就都属于兵器，至于由饕餮形象演化出的各种饕餮纹，更是装饰在各种各样的器物上，很难全部与巫师的祭祀和做法相对应。其次，饕餮形象凶相毕露，已是不争的事实，而含在兽口中的人头，大多面露惊惧之色，饕餮食人卣中的人头一对恐惧的眼睛最能说明问题，夔食人刀上的人形也作痛苦之状，这恐怕都不是作法通天应该有的表情。比较而言，体现王权神权的说法，似乎更能在较为宽泛的意义上对青铜艺术中的狞厉之美做出解释，只是除了社会制度的分析，还更应联系特定的巫史文化氛围和宗教精神给以把握。

"率民以事神"的殷文化

就已经建立了初步发达的奴隶制国家，特别是创造了系统、成熟的语言文字来说，殷商人无疑已经进入了文明时代，但在精神文化的层面，殷人则仍在自然神和祖先神的压迫下跋涉，在野蛮和崇力的状态中徘徊。所谓"殷人尊神，率民以事神"（《礼记·表记》），其实主要的并不是出于震慑奴隶的用心，应该说还仍是自上而下真诚信仰的结果。不然，他们就不会不惜几十头甚至上百头牲地用于祭祀，也不会花费莫大的精力和财力事事问卜，样样占卦。大量使用人殉和人牲，应该也是同样的"道理"。

殷人使用人殉的情形和数字是惊人的。位于河南安阳小屯殷墟宫殿遗址隔河相望的侯家庄商王陵区，在13座大墓中，就默默躺着一具具殉人的尸体，墓的周围，还遍布着一个个陪葬的墓穴。如1001号墓，墓中殉人就超过164人。与墓主同穴者约96人以上，其中有持戈的壮年男子，各伴随一犬，可能是作为墓主人的武装侍卫而被殉葬；有的殉人自己也有棺木，并随葬绿松石等装饰品，个别的随葬铜戈，可能是墓主人生前最亲近的侍从；有的无棺木，而同木器、抬架混在一起，可能是搬运礼器和管理仪仗的人。与墓主异穴者，皆在大墓东侧，已发现22坑，其中最大的墓坑棺椁具备，随葬有青铜礼器，并有殉葬人[15]，这些人可能是墓主生前田猎游历的随从，也可能是领班之类的人物。不难看出，这种殉葬的规模，几乎是把死者生前全部的生活、所有与之相关的人物都搬到了地下，其中除了可用来役使的奴隶，还有颇有身份的执礼大臣，如果不是出于对墓主死后变神的敬畏和对其死后抵达天界地府生活的想象，是绝不可能不分等级不分大小地将如此之多的臣民都送入地下的。

　　商代每逢祭祀，除了大量杀牲之外，也多杀人以祭，称人牲，而且有迹象表明，时人盛行人头祭。郑州商城夯土台基区的壕沟中，发现大量人头骨，已被认为是进行某种祭祀活动时被杀的人牲。殷墟王陵区的13座大墓之间和附近，发现1 400多个祭祀坑。其中如西北冈祭祀坑，被推测是殷人祭祖遗迹，这里绝大多数坑中都堆积着被杀的人牲，有全躯的，有身首分离的，也有无头躯体，另有一种方形坑，则是专埋人头骨的。此外，武官村大墓除墓内殉有全躯的尸身外，椁室上部填土中又分三层埋有人头34个，也应该是为墓主举行葬礼或施行祭祀时用的人牲[16]。其实，甲骨卜辞就有大量杀人祭祀的记载，其中有一次多达300人甚至上千人者，这血淋淋的事实，实在让人触目惊心。

　　这就是殷人"率民以事神"的具体写照，同时，这也是殷人征服之力的一种反映。据对西北冈祭祀坑无头骨架的鉴定，这些用做人牲的身首异处者均为男性，年龄多在15至20岁之间，少数在30至35岁之间，人种大多是蒙古人种的东亚、北亚和南亚类型，与商墓中死者人种成分有别，可知几乎都是商王朝与四邻交战时捕获的战俘[17]。由此不难推想，祭祀坑中的累累白骨，甲骨文中动辄上百的人牲数字，无异于是一场场杀伐征战的记录，殷人正是靠着天神和祖神的神秘威严，同时靠着联盟的力量和斧钺的凶猛，扩疆辟土、维系天下的。

这便使如此残酷、野蛮的杀人以祭，成为一种庄严、崇高、神圣的信仰和仪式，而这所有对神灵的敬畏和尊崇，对异族征服的骄傲和自豪，对凶猛之力的夸耀和张扬，对拥有者权势的证明和显示，作为物化形态，就最集中地凝结或积淀在了时人最感珍贵的青铜铸造上和青铜纹饰中。

**饕餮纹与殷人的祖帝
——元神**

青铜纹饰的核心形象饕餮，就是殷人"率民以事神"的神，是他们的天神、祖神综合各联盟成分而形成的神圣图徽。

如前所述，饕餮已经表现为多种形态，有似虎非虎的，似羊非羊的，似牛非牛的，还有一种则是两夔纹合并而成的。其实，集中考察青铜纹饰不难发现，凡有饕餮纹之处，配合的纹饰多有夔纹，这说明就初始设计来说，夔纹才是饕餮的原型。夔本身已是经过变形幻化的图腾之物，由于古代器物刻划的不同处理，对其形状的说法也各有不同，《山海经》称夔"状如牛，苍身而无角，一足"（《大荒东经》）；《说文》则称"夔，神魖也，如龙，一足"，"象有角手人面之形"；韦昭注《国语·鲁语》又称"夔一足，越人谓之山缫……人面猴身能言"。可贵的是，殷商人的甲骨文中，出现了大量"　（夔）"字，而且是被称作"高祖夔"的，如《殷虚书契前编》卷六的"癸巳贞于高祖夔"，《殷契佚存》第645片的"于夔高祖㙷（祓）"等即是。据王国维《殷卜辞中所见殷先公先王考》及《续考》，此"夔"即殷始祖帝喾（"夔""喾"音近义同），也就是其事迹屡见于《山海经》的殷人的至上神帝俊（帝喾、帝俊的事迹多有重合之处）[18]。帝俊也见于甲骨文，并称"高祖夋"，"俊"字写作"夋"，或作"夋"，与"夔"字如出一辙，神话学家已断为是一个鸟头人身或兽身的怪物[19]。联系到帝俊在神话传说中与鸟的同类关系（详下节），殷人"天命玄鸟，降而生商"（《诗经·商颂·玄鸟》）的图腾故事，隆重崇日的宗教习俗，以及"日中有鸟"的普遍信仰，帝俊鸟头人身的说法应该更可确定。甲骨文由绘画演化而来的象形特点已如前述，那么夔（俊）纹最初的刻划，就应该是以鸟为首综合其他兽类而来的形象了。

综合上述材料，喾、俊、夔的关系或者可以作这种梳理，喾乃殷人的始祖，帝俊是他们的至上神，而在殷人那里，祖、帝又是一而二、二而一的一元神；夔则是这种祖帝一元的形象化身。据此，再仔细观察诸多器物上的**夔纹**（016），其头上的卷纹，身后翻卷的线条，锐利的三趾爪，原来都更是简化鸟的变形。现藏上海博物馆的亚夔方罍，其器口外端圈饰及腹部上方的夔纹，就仍较多留有由鸟变化而来的痕迹；该馆所藏另一商晚期的**共父乙觥**（017），则就

016 夔纹拓片（拓自上海博物馆商代铜器）

017　夨父乙觥
（现藏上海博物馆）

铸成兽首鸟身的造型，身上有鸟翅分明的纹饰，圈足的夔纹也明显是由身上的鸟纹横向拉长处理的结果。

　　至于夔纹后来长角、似龙、似牛、似猴等等诸多的变形，特别是合成饕餮之后，饕餮又有虎首、牛首、羊首等等不同偏重的造型，除了造型刻划时艺术处理的需要，则要归因于殷商族在逐步壮大过程中与周围诸多部落融合、联盟的结果。《山海经》中凡提到帝俊的后裔，几乎均有"使四鸟，虎、豹、熊、罴"的记载，这里的禽、兽无疑都是图腾的标志，虎豹熊罴被归在鸟的大类之中，说明这些虎族、豹族、熊族、罴族已经成为以鸟为图腾的殷商大族的一部分。久而久之，饕餮便被凝聚成一个综合的奇形怪状的兽面，是时人所敬畏、所仰仗、所奉侍的天神、祖神合而为一的大神的化身，而其狰狞的面目，则是殷商文化崇尚征服之力的写照。

狞厉为美的解读　现在，再来解读"饕餮食人"这一奇特的艺术造型，或许就不再是不可思议的了。这不正是时人倾其所有、庄严郑重地敬奉神灵的一种象征么？饕餮口中的人头应该就是人头祭的直接反映。至于食人的饕餮有时特别偏重虎的模样，说起来虎兽本来在动物类中最为凶猛，另外或许还是因为虎族在联盟诸族中更彪悍，更被作为征伐敌国的主力军吧？

　　一句话，饕餮在殷人的眼里，是一种美，是殷商独特文化积淀出的一种包含着诸多信仰、心理、感觉成分的美，尽管这种美在今人看来不免狰狞可怖，时人却是以无比虔诚、赞美、夸耀的心情在精心铸造着它的。正如有学者所称的，这是一种"狞厉的美"，这种美的出现，乃是人类进入文明时代所必经的血与火的野蛮年代所积聚的巨大历史力量的象征符号[20]。那么，也只有把它放到殷商这特有的神秘而崇力的文化中，我们才能发现它之为美的根柢所在。

〔1〕 参见《中国大百科全书·考古学》第650页，中国大百科全书出版社，1986年版。

〔2〕 参见《殷墟妇好墓》第15页，文物出版社，1980年版。

〔3〕 参见《中国大百科全书·考古学》第69—70页，中国大百科全书出版社，1986年版。

〔4〕 参见《中国大百科全书·考古学》第353—354页，中国大百科全书出版社，1986年版。

〔5〕 参见《中国大百科全书·考古学》第361—362页，中国大百科全书出版社，1986年版。

〔6〕 参见《简明中国文物辞典》第73页，福建人民出版社，1991年版。

〔7〕 参见《殷墟妇好墓》第50页，文物出版社，1980年版。

〔8〕 参见《简明中国文物辞典》第78页，福建人民出版社，1991年版。

〔9〕 参见《殷墟妇好墓》第58—59页，文物出版社，1980年版。

〔10〕 参见《简明中国文物辞典》第74—75页，福建人民出版社，1991年版。

〔11〕 参见《中华文明史》第二卷第569页，河北教育出版社，1989年版。

〔12〕 参见于民《春秋前审美观念的发展》第96页，中华书局，1984年版。

〔13〕 于民《春秋前审美观念的发展》第84—102页，中华书局，1984年版。

〔14〕 张光直《商周青铜器上的动物纹样》，载《中国青铜时代》第424—454页，生活·读书·新知三联书店，1999年版。

〔15〕 参见《中国大百科全书·考古学》第438页，中国大百科全书出版社，1986年版。

〔16〕 参见《中国大百科全书·考古学》第438—439页，中国大百科全书出版社，1986年版。

〔17〕 参见《中国大百科全书·考古学》第556—557页，中国大百科全书出版社，1986年版。

〔18〕 参见王国维《观堂集林》第411—413页，中华书局，1959年版。

〔19〕 参见袁珂《山海经校注》第344页，上海古籍出版社，1980年版。

〔20〕 李泽厚《美的历程》第37页，文物出版社，1981年版。

4

鸟、太阳和帝俊

殷人的至上神传说

　　正像母系时代崇拜图腾和母亲，父系时代讴歌男性和英雄，到了方国联盟、天下一统的殷商时代，其宗教文化也出现了祖帝一元、主神至上的精神信仰，进而在审美的领域，弘扬了一种弥盖天地、无所不能的崇伟神力。如果说青铜饕餮是以物化的形态，显示出这一崇尚至上神的文化，那么，时人关于帝俊的神话和传说，则是用语言形式，表述出他们对统领万物的至上神的盛赞。只是要理清殷人与帝俊的血脉关系，还得从鸟和太阳谈起。

"日中有鸟"　1972年湖南长沙马王堆1号西汉墓出土了一件长达205厘米的大型张挂帛画，画面分出了天际、地上、地下三个层次，有日、月、嫦娥、飞龙、仙禽、神兽、力士、大蛇、巨龟、大鱼等各色形象以及引魂升天的画面，可谓集神话、宗教之大成（详见本书《秦汉魏晋南北朝卷》）。其中有一个至为清晰醒目的画面，就是在帛画上方东部绘出的圆圆的红日中，有一只尖喙长尾的三足乌立在那里，时人"日中有鸟"的说法在这里被展示得淋漓尽致。

的确，"日中有鸟"或"金乌载日"的日鸟神话在汉代绘画雕刻中已是屡见不鲜的母题，河南南阳画像石中，就有大量表现，其中如唐河县

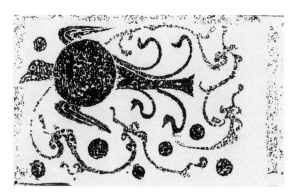

018　金乌载日画像石
（东汉·河南南阳出土）

出土的白虎、三足乌画像石，表示太阳的圆轮中
就刻着一只三足乌，与帛画中的太阳鸟图如出一
辙；还有南阳市出土的阳乌画像石、南阳县出土
的阳乌星宿画像石、日月合璧画像石、金乌星宿
画像石、日月同辉画像石等等，凡是刻划太阳，
都有鸟首、鸟羽、鸟尾把日夹在腹中，展示**金乌
载日**（018）或者"日就是鸟"的母题[1]。

其实，汉代的这些绘画和雕刻，表现的本是
一个古老的母题，先秦时代，就已经广有"日中
有鸟"或"太阳鸟"的说法。其中最明白的要属
《山海经·大荒东经》，直称"汤谷上有扶木，一

日方至，一日方出，皆载于乌"。神话传说中有后羿射日的故事，《楚辞·天问》在涉及这一神话时发问道："羿焉彃日？乌焉解羽？"意思是羿究竟是在哪里射中了太阳，太阳中的金乌中箭身亡，它们的羽毛又散落到了哪里？"日中有乌"的观念在这个发问中也表现得至为明显。

这些绘画、传说中的金乌，当然就是鸟，"日中有乌"就是"日中有鸟"。鸟在此，无疑已是日的化身，或者说，鸟就是日，日就是鸟，它们已经合二为一了。

帝俊是鸟与殷人崇日

《山海经》中就有这么一只鸟，这只鸟不是别人，正是殷人奉为高祖的至上神——帝俊。据《山海经》称，在东方的荒野，有一些五彩之鸟，相向起舞，只有帝俊时常降临与它们相亲相善，所谓"有五彩之鸟，相乡弃沙（婆娑），惟帝俊下友"（《大荒东经》），这似乎只有解释为帝俊就

019　六足四翼帝江图
（明刊本《山海经图》摹本）

是它们的同类，或者说就是鸟的化身，才更近情理。而在另一处称作"汤谷"的地方，有一位称作**帝江**（019）的大神，"其状如黄囊，赤如丹火，六足四翼，浑敦无面目"（《西山经》），分明是一个展开翅膀的太阳鸟，《初学记》《文选》古注引此经文就称是"有神鸟"。而这个火红的太阳鸟恰恰是帝俊所生（帝江的"江"读作"鸿"，即帝鸿；《大荒东经》称"帝俊生帝鸿"），那么作为太阳鸟之父的帝俊，无疑应是更大的太阳鸟。其实，帝俊生的太阳还不止一个，对此，《大荒南经》言之凿凿：

东南海之外，甘水之间，有羲和之国。有女子名曰羲和，方浴日于甘渊。羲和者，帝俊之妻，生十日。

如前所述，帝俊在殷人的甲骨文中被称作高祖俊，"俊"写作"🐦"，正是一个鸟头人身或兽身的形象。《淮南子·精神训》称"日中有踆乌"，古注"踆"为"蹲"，而汉画像中太阳鸟并无蹲状，现在看来，此"踆"该是非"俊"莫属了。这样，帝俊作为一只太阳鸟，一位太阳鸟之父——最大的太阳鸟，更可无疑矣。

殷人是一个认鸟为皇天祖神的民族，在他们的后裔唱的祭祖之歌中，分明唱道："天命玄鸟，降而生商"（《诗经·商颂·玄鸟》）。而在这一信仰的后面，还有着一段美丽的传说，这就是他们的女祖简狄吞燕卵而生始祖契的故事。据说当时有娀氏简狄住在九重高的瑶台之上，一天她与其妹到河边沐浴，偏巧有一只燕子从天边飞来，动听的歌声使她们心动，便争着捕捉那只燕子，最后终于把燕子扣在玉筐里。后来打开玉筐一瞧，燕子北飞而去，筐中留下一卵，简狄顺手把它吞了下去，谁知从此有了身孕，满月生子，这个感燕卵所生之子，就是殷人的始祖契。《楚辞·天问》所谓"简狄在台，喾何宜？玄鸟致贻，女何喜（嘉）？"就是针对这一佳说的发问；《吕氏春秋·音初篇》及《史记·殷本纪》，对此也作了较为详尽的记述。

简狄吞燕卵而生商的信仰和故事，最典型地显示了殷商先人以鸟为图腾的文化特征。甲骨文中多提到一种舞蹈称"翌舞"，有时又称"翌祭"，从字形可知是一种手执鸟羽或戴鸟饰而跳的祭祖舞，也可见他们对鸟祖的认同。值得注意的是，《天问》的发问涉及帝喾，而古籍中也多有简狄为帝喾之妃的传说记载。其实，这里的帝喾完全可以理解为就是帝俊。上一节已经提到，帝俊的"俊"，与高祖夒的"夒"字形极近，"夒"与"喾"则读音极近。因此学术前辈已经考订三者实为一体，都是殷商的高祖神[2]。如果再联系帝俊与帝喾事迹的诸多重合之处，比如《史记·五帝本纪索隐》称"帝喾名夋"，《帝王世纪》也称"帝喾生而神异，自言其名曰俊"；《左传·文公十八年》言"高辛氏（即帝喾）有才子八人"，《山海经》中则提到"帝俊有子八人"，其中前者八才子中的"仲熊""季狸"，实际上正是后者八子中的"中容""季釐"；帝喾有妃曰常仪，帝俊有妻曰常羲，仪、羲只是一音之转等等[3]，这一结论更可无疑。只不过还有些不同的是，帝俊更多保留着神话的性质，帝喾则更多含有历史化之后帝王的身份。而从"玄鸟生商"的说法来看，这个给殷人带来生命的，自身应该就是神鸟，当然更是非帝俊莫属了。

殷人还是一个隆重崇日的民族。透过他们甲骨文的记载，就会发现他们几乎每日早、晚都有迎日出、送日入的礼拜仪式，而且是要商王亲自主持、杀牲以奉、虔诚不怠的：

> 乙巳卜，王宾日。(《佚》872)
>
> 庚子卜贞，王宾日亡犬。(《金璋》44)
>
> 出、入日，岁三牛。(《粹》17)
>
> 辛未卜，又于出日。(《粹》597)

我们已经知道，在时人的观念中，那晨出夕没的太阳，都是由金乌载着飞行的，或者说，他们本身就是一些大鸟，才会展翅翱翔着从天的东边移到天的西边，而且殷人已经认这大鸟作了他们的皇天祖神，那么这种对太阳的虔诚礼拜，与其说是自然崇拜，毋宁说更是对祖神的崇拜，是对帝俊的衷心礼赞吧。我们已知殷商王都是以十天干为自己命名的，祖甲、帝乙、武丁等等，不一而足，联系到这十个天干恰恰是帝俊所生十日的名称，则殷商王显然是把自己视为一个个小太阳，是帝俊之子了。

至此不难想象，应该就是殷人创造了他们的祖神帝俊，实际上也就是那个由夔纹组合而成的饕餮。殷人用极富"狞厉"之美的饕餮形象显示其至上神的神秘威力，又创造出帝俊的神话，夸耀其至上神的全能和至尊。那么，在神话中，帝俊都有哪些能耐呢？

生日生月的全能神

帝俊的事迹全部载于《山海经》一书，而且在《山海经》中提到的包括黄帝、炎帝在内的众大神中，帝俊是唯一一位在地位上几乎可以与希腊神话中的主神宙斯相媲美的全能神。

我们都知道，宙斯在希腊神话中乃是君临宇宙万物的最高主宰，众神之父，太阳神阿波罗、月亮神阿尔忒弥斯都是由他所生；他还与第一个妻子智慧女神墨提斯生了智慧、权力与才艺女神雅典娜；与第二个妻子忒弥斯生了三时光女神和三命运女神；与主妻赫拉生了战神阿瑞斯、工匠神赫菲斯托斯和青春女神赫伯。此外，他又与迈娅生了商贾庇护神赫尔墨斯、与德墨忒尔生了谷物女神佩尔塞福涅、与欧律诺墨生了美慧女神，与谟涅摩叙生了科学艺术女神缪斯。而且，他还与凡间女子塞墨勒生了酒神狄奥尼索斯，与阿尔克墨涅生了大力神赫拉克勒斯，与勒达生了美女海伦……万神归一的需要赋予他全能的生殖之力，各种神祇无不与他唇齿相依，血脉相连。

帝俊同样是一位多产的大神。他没有宙斯那么多风流韵事，却一点也不比宙斯少生孩子。作为最大的太阳鸟，他与处于东南海之外、甘水之间的妻子羲和一连生下了十个子太阳，已如前述，大地的光明与温暖，正是靠着这十个太阳鸟"一日方至，一日方出"的轮流"值日"，才得以实现的。而作为母亲的羲和，每天都在甘渊（也

就是咸池）为自己的儿子们洗尘（浴日），这才
保证了这些太阳们的金光灿烂。其实，除了这个
羲和太阳之国，在西北荒之外，还有一个银色的
月亮之国，那国中也有一位勤劳的母亲，在做着
同样一件事情，就是为她的月亮儿子们沐浴洗
尘，因为到了晚上，就要由洁白晶莹的他们飞上
高空照临大地了。这位母亲就是帝俊的另一位妻
子常羲，他们一共生了十二个月亮。此说见于
《山海经·大荒西经》：

> 有女子方浴月。帝俊妻常羲，生月十有二，此始
> 浴之。

帝俊的生殖当然还远不止这些。据说他还与
又一个妻子娥皇生出一个三身之国，所谓"大荒
之中，有不庭之山，荣水穷焉。有人三身，帝俊
妻娥皇，生此三身之国，姚姓，黍食，使四鸟"
（《山海经·大荒南经》）。"三身"的称谓颇为费
解，而就《山海经》另外一处记载看，"三身"
之称似乎与它后代的衍生有些关系：

> 帝俊生三身，三身生义均，义均是始为巧倕。是

始作下民百巧。后稷是播百谷。稷之孙曰叔均，始作牛
耕。大比赤阴，是始为国。禹鲧是始布土，均定九州。

（《海内经》）

很显然，帝俊所生的"三身"其后正好衍生
出三个分支。

其一是义均。义均即巧倕，在其他典籍中
又称作"有倕""倕""垂"等，其特点正在
于"巧"，在于各种工艺器具的发明。《吕氏春
秋·古乐篇》言"帝喾（正又可印证帝俊、帝喾
一神说）命有倕作为鼙、鼓、钟、磬、笭、管、
埙、篪、鞀、椎钟"；《世本》言"垂作规矩准绳，
垂作铫，垂作耒耜，垂作耨"；《墨子·非儒》言
"巧倕作舟"；《荀子·解蔽》言"倕作弓"……
这些物质文明发展中的一切创制都归于义均的名
下，难怪有"百巧"之称。

其二是后稷。引文中"大比赤阴"或可理解
为地名，或可理解为叔均所娶的赤国妻氏（见
《大荒西经》），统属于后稷一系。后稷是农神，
亦是周人的始祖，《山海经·大荒西经》就提到
"有西周之国，姬姓，食谷。有人方耕，名曰叔

均",并言"帝俊生后稷,稷降以百谷"。这里又提到后稷之孙叔均最先发明了把牛用于耕作,其贡献也在农业。看来这一支的特点也很明显,那就是集中在农耕的发明与发展。后来周人取代殷商入主中原,遂极度淡化帝俊,以至在正统的典籍中,竟找不到帝俊的名字了,而在这里我们发现,农神原来也是被说成帝俊所出的。

其三是鲧、禹。鲧禹父子本是极负盛名的治理洪水的英雄,当洪水到来之际,鲧曾"窃帝之息壤以堙洪水",不幸被杀羽郊;大禹子承父业,终于得到帝的神土"以定九州"(《山海经·海内经》),也是功业辉煌之辈。只是鲧禹有时也被说成是黄帝所出,所谓"黄帝生骆明,骆明生白马,白马是为鲧"(《山海经·海内经》),大禹还是夏人的祖先神。然而在殷人的帝俊神话中,他们分明也被纳入了帝俊子孙的行列。

这应该便是帝俊生"三身"这一神话隐喻的具体所指了。而由"三身"所衍出的这三个系列,包含着工巧、农业和治水,也就是当时社会生产所能有的一切方面。那么,帝俊除了驾驭着宇宙日月的运行,对人间社会事务的统摄性,不也是十分明显的吗？

　　而且，帝俊还是文艺之父：

> 帝俊生晏龙，晏龙是为琴瑟。
>
> 帝俊有子八人，是始为歌舞。
>
> ——《山海经·海内经》

　　其中，帝俊这八个创造了歌舞的儿子没有提到名姓，前辈学者只是据帝喾的八才子之名考证出帝俊所生的中容、季釐，即在此八子之列，惜具体事迹不详。但从《山海经》凡提及太阳鸟时，均言它们"是识歌舞""自歌自舞"，如《西山经》言帝江（鸿）"其状如黄囊，赤如丹火，六足四翼，浑敦无面目，是识歌舞"，《南山经》称"丹穴之山……有鸟焉，其状如鸡……自歌自舞"，《大荒东经》提到"惟帝俊下友"的五彩之鸟"相向弃沙（婆娑）"，帝俊确与歌舞的隆盛有不解之缘。至于晏龙，《山海经》还有一处提到他，所谓"晏龙生司幽，司幽生思士，不妻；思女，不夫"（《大荒东经》），郭璞注谓"言其人直思感而气通，无配合而生子"〔4〕。看来晏龙生出的这个司幽国是被分成了思士与思女两个部分，思士们不娶妻，思女们不嫁夫，仅凭他们彼此思念便"心有灵犀一点通"，相互感应生孩子。其实，这让我们看到了远古时代两性禁忌风俗的某些迹象，而且，哪有仅凭思念就能生孩子的道理，有日常的禁忌，就有某一特定时日的解禁，就有解禁时两性的开放和狂欢。那么，晏龙所创制的琴瑟，以及琴瑟演奏所伴的歌与舞，或许正在思士思女们中间起到了穿针引线的作用？这样说来，人间大地的一片琴瑟歌舞之声，究其根源，也是帝俊带来的了。

此外，还应提及的是，当年那个为解救大地苦难、身背弓箭、走遍天下无敌手的英雄神羿，在此也被说成是帝俊赐予其弓和箭，派往下界除暴安良的：

> 帝俊赐羿彤弓素矰，以扶下国，羿是始去恤下地之百艰。(《海内经》)

这样看来，羿就也是帝俊之所出了。说起来，羿本是原始先民初步掌握了劳动工具时对自身力量认识和崇拜的产物，也是父系时代对男性英雄力量讴歌的结晶，应该曾经是某一氏族的英雄大神。现在，这位善射的英雄大神羿也成了帝俊的臣属，帝俊的地位更是可想而知的了。

还有，"帝俊生禺号，禺号生淫梁，淫梁生番禺，是始为舟；番禺生奚仲，奚仲生吉光，吉光是始以木为车……"（《海内经》）；"帝俊生中容……"，"帝俊生黑齿……"（《大荒东经》）；"帝俊生季釐……"（《大荒南经》）。帝俊的生殖力好像是无限的。

太阳、月亮，耒耜、木车、弓矢、琴瑟，器物制作、农耕种植、歌乐舞蹈……这一连串自然、物质、精神的现象；羲和、常羲、娥皇、巧垂、禺号、后稷、鲧、禹、晏龙、神羿……这一连串大神的名姓，都列在了帝俊的名下。不难看出，与宙斯一样，帝俊不但是自然万物的主宰和创造者，还是各种初期文明的肇始者之父，又是各路大神的统领，应该已经具备至上神的资格了。

这就是殷人称为高祖俊的帝俊。这位帝俊显然在仍被视为殷人太阳鸟图腾的同时，又升格为至高无上的天帝、太阳之父、诸神之主。由此可知，随着殷人在中原大地一统地位的确立，他们的宗教也由史前的诸神分立，发展为祖帝一元的观念信仰，出现了君临诸神的至上神——上帝。正像殷人是靠着方国联盟的力量，经过对各方的兼并征伐才获取了唯我独尊的主导地位，这个主神上帝，也是在经过重新贯连了诸神与主神的血脉关系、综合兼有了各路英雄的伟业后诞生的。而《山海经》所记下的这些关于帝俊的事迹，正是殷人对自己这位祖神兼至上神极尽夸美、礼赞的颂歌。

〔1〕　参见《南阳两汉画像石》，文物出版社，1990年版。

〔2〕　详见王国维《卜辞所见殷先公先王考》，《观堂集林》第411—413页，中华书局，1959年版。

〔3〕　参见郭沫若《先秦天道观之进展》，《郭沫若全集·历史编》1，第326页，人民出版社，1982年版。

〔4〕　见袁珂《山海经校注》第346页，上海古籍出版社，1980年版。

5

『羊人为美』和『巫者舞也』

巫风弥漫的殷商乐舞

　　仍处身于神秘文化氛围中的殷人，其审美趣尚之所在，更直接的表现还是在他们颇有些狂热的歌乐舞蹈中，集中体现审美观念的"美"字的创造即与此有关，而这个"美"字，就当时而言，正与通神的巫事有着水乳交融的关系。

"羊大则美"与
"羊人为美"

在殷商人的甲骨文中，第一次出现了"美"字。古代人关于美的观念，终于以文字符号的形式明明白白地"说"了出来。而这个"美"字，却是"羊"和"大"的组合。于是，文字学家们便在这"大羊"上作起了文章。许慎《说文解字》释"美"即是"美，甘也。从羊，从大"；更有人进而称"羊大则美"（《说文》引徐铉说）。这样，美的意思就是甘美的味觉了。

以"美"称味道可口，在先秦人那里确已有之，《孟子·尽心下》就有"脍炙与羊枣孰美"之问。不过，在更早的先秦典籍中，"美"却更多的是指人的形貌之好，《诗经》中屡屡提到"西方美人""彼美人兮"（《邶风·简兮》）、"说怿女美""美人之贻"（《邶风·静女》）、"美目盼兮"（《卫风·硕人》）等等，其中的"美"字竟全部是指人的容貌之美。进而，美也用来称优美、精美、完美等状貌美好的事物，《论语》中孔子称《韶》"尽美矣，又尽善也"（《八佾》），美、善分称，美似乎就更偏于指《韶》这一乐舞声形的美好；《国语·周语下》中单穆公称"夫乐不过以听耳，而美不过以观目"，更单纯强调"美"的视觉感受。这些显然都与"羊大则美"的"味觉说"相去较远。

其实，"大"在甲骨文中写作"大"，是一个正面的舒展开双臂的"人"。那么，"美"字的"羊""大"组合，就更像是人的头上顶着类似兽角的饰物在翩翩起舞（美）。近年就有人提出了"羊大为美"在甲骨文中的初始含义乃是"羊人为美"的观点[1]。说起来，身披兽皮、头戴兽角、拖着兽尾手舞足蹈，这在原始舞蹈中本是最早也最为普遍的表演形式，它们或为狩猎舞，或为图腾舞，都与氏族的生产和繁衍息息相关。上孙家出土的舞蹈纹彩陶盆，舞蹈者身后拖的短尾，就显示出是在举行扮演图腾的"化装"舞会，沧源崖画上插着长长羽毛的羽人，实际上也很可能是在表演太阳或鸟崇拜的舞蹈[2]。而这种载歌载舞，无疑是时人最为激动人心的审美活动，那跳得最好的舞者，也就是时人心目中最美的形象。所以，从原型意义上讲，"羊人为美"可能更符合审美发生的实际。

不过到了创造"美"字的殷商时代，"羊人

为美"中的舞蹈之"人（🖈）"，应该有了更特定的形象，这个形象就是巫。

巫与巫舞

"巫"是在人类发生社会分工之后而被保留了神性的特殊人物，是在人们的想象中能上天下地交通人神的媒介，到了殷商时代，作为专门从事祷告祭祀驱鬼占筮等精神活动的神职人员，也是当时出现的第一批专职"舞蹈家"。说起来，"巫"字本身，就与舞蹈有着不解之缘，"巫""舞"声同，字形、字义亦极相近。"巫"在甲骨文中写作"田"，《说文》称，"巫者，祝也，女能事无形，以舞降神者也。像人两袖舞形"，其说极是；这个"巫"字，与写为"舛"、像人执尾或执羽而舞的"舞"字，正可相互生发，把以化装、扮相为其特征的巫舞活动演示、说明得淋漓尽致。

这样看来，能通过舞蹈祭祀等活动与神交

通、给人指点迷津也给人带来幸福的神巫，便是时人心目中美的化身。四川广汉三星堆出土的连座高262厘米的大型**青铜人像**（020），已被认定为巫觋的雕像，其高大的身躯、庄严神圣的表情，裙衫上所刻着的精细花纹，两臂抬起、手中握物的造型，双足戴镯的装饰，还有连座上部四角的兽面纹饰，似都可为这一巫史文化中独特的神巫崇拜现象作一脚注。那么，"美"字"羊"下面的"人"，之所以写成正面的"大（𣥂）"，而不写作一般的侧身的"人（𠆢）"，或许就是特别强调了这些巫觋不同寻常的崇高身份。

其实，最能说明这种以巫为主角的审美活动的"注脚"，还是殷商时代的大量巫舞本身。赖甲骨文的记载，我们已经知道殷商时代舞蹈种类之多，表演之频，

020　青铜人像
（四川广汉三星堆出土）

而这些舞蹈大多就都是与求雨、祭祀、驱鬼等巫术活动相关相连的。

求雨，作为巫舞的重要内容，在《山海经》中就有反映，《大荒东经》称"旱而为应龙之状，乃得大雨"，这"为应龙之状"就完全是一种舞蹈表演;《海外东经》提到有位专以求雨为职的"雨师妾"，"其为人黑，两手各操一蛇，左耳有青蛇，右耳有赤蛇"，正是"为应龙之状"的形象描写。很显然，这乃是依据了模拟巫术的原理，因为应龙就是雨水之神或云雨之象。有意思的是，甲骨文中恰恰提到了一种"龙舞"，就是为求雨而跳的：

其作龙于凡田，又雨。(《甲骨文合编》10·2990)

这所谓"作龙"，如果理解为"为应龙之状"的简称，应该没有什么大碍。

其实，舞蹈求雨，在甲骨卜辞中所见极多，比如：

乎（呼）多老舞？勿乎（呼）多老舞？王占曰：其之雨.(《殷虚书契前编》7·35·2)

庚午卜：贞，乎（呼）𪔀跳舞，雨。(《甲骨文合编》7·20971)

其中，"多老""𪔀"是巫人的名字，前条记载说的是占卜问神是否叫多老出来跳求雨舞，王占卜的结果是他能带来雨水。后条记载说的是庚午这一天占卜求雨，跳了降雨的巫舞，结果是终于下雨了。

更值得注意的是，这种求雨舞在甲骨文中还出现了专用字"𩂍"，即"靁"，舞蹈求雨的意思被表现得至为明显；而这个"靁"字，其实也就是后来《周礼·春官》所谓"若国大旱，则帅巫而舞雩"的"雩"舞，只不过前者造字重在求雨舞的舞容，后者表现的则是舞蹈中大呼"雨啊""雨啊"的声音（"亏"在此表声）罢了。

此外，甲骨卜辞中还提到一种"隶舞"，似乎也是专为求雨而上演的舞蹈：

庚寅卜，辛卯隶舞，雨？

庚寅卜，癸巳隶舞，雨？

庚寅卜，甲午隶舞，雨？

(《殷虚文字甲编》3069)

"隶"在铭文中写作"𨾋",像人手执兽尾,看来其舞蹈也是离不开巫所惯用的道具的。

至于分别称作"奏舞""庸舞"的两种求雨舞,如"今日奏舞,之从雨"(《殷虚书契前编》3.20.40)、"□雨庸無(舞)□"(殷契拾掇二集.5),从名称上即可判断,它们应该都是一边演奏乐器一边舞蹈的[3]。"庸"在甲骨文中的字形为"𤮶",好似一种特制的大钟置于底座之上。这种特制大钟实即已见出土的大铙,就像前面提到的饕餮纹大铙。如此气派的乐器用于巫舞,可知这种舞蹈的郑重与庄严。

另外,商代还有一种舞蹈称"羽(翌)舞"或"羽(翌)祭",一般认为是手执鸟羽跳的祭祀舞。甲骨文中有"翊"字,同"翌",从字形上看,就像是一亭亭玉立的舞人身着鸟饰或手执羽毛,表演着长尾凤鸟翩翩展翅的舞姿,联系到上一节所提殷人的太阳鸟崇拜,《山海经》中帝鸿"是识歌舞"和凤鸟"自歌自舞"的记载,这种"翊舞"无疑就是殷人由图腾舞发展而来的祭高祖上帝的祭祀歌舞了。

头戴面具以舞蹈形式驱鬼逐疫,一般被称作

"傩舞"，这种舞蹈在殷商时代也已出现。甲骨文中就可能有方相氏戴着魌头（面具）殴疫逐鬼之事，如：

> 癸巳卜，争贞：旬亡囚（祸）？四月丙（申），允有来艰自西？旬告曰……灾，🦴（魌）夹、方相！四邑。十三月。（《殷虚书契前编》7·37·1）

大意是，癸巳日占卜，争氏贞问这一旬里有没有灾祸，丙申日是不是有灾难自西方来，旬氏告之有灾，需派戴魌头的夹氏率领方相氏去四邑殴逐。至于"十三月"，则是其年有闰所致[4]。《周礼》"方相氏"郑玄注称"冒（蒙）熊皮者，以惊驱疫疠之鬼，如今魌头也"；《说文》解"䫏"字云"今逐疫有䫏头"，即是。

其实，殷商已行"傩舞"表演，出土中也有证明。如商晚期城固铜器群就出土有人面具和兽面具，人面具以透雕留孔铸出人的脸型，圆瞪的两目和龇咧的巨齿却面带狰狞；兽面具似为牛型，也冷峻可畏。联系到上述卜辞有关"魌头""方相"的记载，把这些铜面具理解为巫师上演驱鬼"傩舞"的道具，不是很合适吗？

《大濩》《桑林》和
"万舞"

当然，上述舞蹈都是从甲骨残片的字里行间"挖掘"出来的，难免残缺不全，但已经足以让人强烈感受到巫舞之盛。而真正著名、流传久远的殷商乐舞还要算周代宫廷仍在上演的《大濩》和屡见先秦史料记载的《桑林》，颇耐寻味的是，它们同样与巫术活动有着千丝万缕的联系。

《大濩》相传为商汤之乐。据《吕氏春秋·古乐篇》称，汤为商族首领后，因夏桀暴虐无道，遂率六州部落起兵讨伐，结果大获成功，《大濩》就是汤建立商王朝后命大臣伊尹所作的。这样，这部乐舞似乎就主要与商汤伐桀灭夏的功绩有关了。

说起来《大濩》之名不仅见于先秦典籍，甲骨卜辞也有记载，单称"濩"，它的存在已是确定无疑。只是"濩"在甲骨文中写作"㸚"，极像一个人在大雨淋漓中的形象。我们知道，商汤还有一个流传极广的佳话，这就是"以身祷于桑林"。据《吕氏春秋》《尸子》《淮南子》等古籍称，汤伐桀得天下后，曾遇到连续五年滴雨不见的大旱，庄稼颗粒无收，万民陷入绝境。为祈雨，巫祝们一定表演了不知多少次舞"雩"，老天却就是不开眼。于是，商汤作为一族之首亲至桑林求上天赐雨，"剪其发，酈其手"，并令人铺好柴堆，准备将自己作为牺牲献祭神灵。他不停地祷告着：如果是我一人的罪过，就不要连累万民；如果是万民有罪，就都算在我一个人身上吧。可正当大火就要燃起之时，奇迹出现了，"四海之云凑，千里之雨至"，把商汤淋了个透湿，把大地浇了个透彻，殷人当年就获得了好收成。

由此看来，《大濩》确为殷人祭祀开国之祖商汤的大型乐舞，只不过其中更多的应是赞美了他不惜以身为祷、救万民于水火的伟大壮举。而商汤的"以身祷于桑林"，正是极其典型的一次巫术祈雨活动；那么这个大型乐舞，则是这次巫术活动的再演示。

或许"汤祷"的地点恰在桑林的缘故，殷商时代另一著名的乐舞《桑林》，究竟是与《大濩》同舞异名，还是不同的另一个乐舞，也就有了一定的疑问。一如《大濩》的知名，《桑林》也多见于先秦典籍，但其中所涉及的关于这一乐舞的表演，其格调却大相径庭。《左传·襄公十年》提到，殷商后裔宋平公曾在楚丘用《桑林》之舞款待晋悼公，可当舞师举着巨大的旌旗入场时，晋悼公竟被吓得退回到房子里面，待"去旌"之后，他才勉强观看表演，观后还得了一场大病。可见直至春秋，殷商后裔宋人所表演的传统乐舞《桑林》仍保留了古时巫舞狂热、阴森、恐怖的气氛。与此不同的是，宋人庄子也提到了"桑林之舞"，即他在《庄子·养生主》中渲染"庖丁解牛"的节奏之美，乃是"莫不中音，合于《桑林》之舞，乃中《经首》之会"。若依此说，《桑林》又该是极其和谐、优美、动人的乐舞了。

这只能说明，《桑林》之舞不止一个"版本"，作为地名，它可能是舞于桑林的舞蹈的总称；而不论恐怖之舞还是优美之舞，似乎又都与"汤祷"的内容不太合拍。也就是说，虽然"汤祷"之事发生在桑林，《桑林》之舞却并不见得就是《大濩》。

从商汤祈雨要亲临桑林来看，桑林显然是殷

人专门用来祭祖祷神、施行巫术的宗教场所，这在殷商后裔宋人那里仍然如此。《墨子·明鬼》曾说，"燕之有祖，当齐之有社稷、宋之桑林、楚之云梦也，此男女之所属而观也"，指出这些地方还是巫术通神祭祀高禖之处。据民俗研究提供的材料来看，这种场所是少不了包括性爱舞在内的"以乐诸神"的"歌乐鼓舞"的。那么这"宋之桑林"，乃至以《桑林》为名的乐舞，其性质也就不难想象了。因此，唐孔颖达在《左传》记载宋平公舞《桑林》条下引古代传说称"殷家本有二乐"，即《桑林》并不等同于《大濩》，还是可信的。

最后，关于乐舞还有一个先秦典籍多有提及的舞种，称"万"或"万舞"，极可能也发端于殷商。甲骨卜辞中"万（萬）"写作"𦥑""𦥑"，最直观的感觉就是多人聚在一起手舞足蹈。"万舞"究竟是一种怎样的舞蹈，演出的内容和形式如何，就先秦所载已经难以得出统一的认识。从《诗经·简兮》的"公庭万舞"、《诗经·閟宫》的"万舞洋洋"、《诗经·那》的"万舞有奕"以及《墨子·非乐》的"万舞翼翼，章闻于天"等描述来看，这似乎是一种常在隆重场合表演且场面盛大壮观的舞蹈；《左传·庄公二十八年》记载楚文王战死后，其弟令尹子元"欲蛊文夫人"，便"为馆于其宫侧，而振万焉"，万舞在这里似乎又成了极其随意的舞蹈形式。令尹子元在文夫人宫旁跳万舞，无疑有欲以其魅力吸引对方的意图，《诗经·简兮》分明表现出抒情主人公对台上那"有力如虎，执辔如组"的"硕人"（舞师）的倾慕，"万舞"似乎是一种显示男性彪悍、矫健、富于阳刚之美的舞蹈，文夫人在指责子元滥用"万舞"时称"先君以是舞也，习戎备也"，即用来练兵习武，也可想它的舞容特点；《墨子·非乐》提到舞"万舞"的万人，为保持颜面的俊美红润而"不可食糠糟"，为了衣着的鲜艳夺目而"不可衣短褐"，又好像都是一些容貌娇美、衣着华丽的女乐了。这只能说明就像《桑林》的"版本"不一，"万舞"也不止一个"剧目"，它极可能是一类舞蹈的通称。不过，尽管其中每一出的具体表演形式有着这诸多的不同，有一点是可以看出的，"万舞"应是一种富于魅力的、感情激越的更偏于节奏、动作和姿态的舞美形式。其来源也许正是那些以宣泄情感为目的的原始集体舞；到了巫史文化阶段，这种舞蹈又多用来"媚神""娱神"，与神交通；发展到后来则更多成了媚人的表演。

一如殷商乐舞的巫风之盛，见于甲骨卜辞的"万人"之舞，似乎也还多是指祭祀活动或祈神求雨，如：

> □乎（呼）万無（舞）。(《殷虚文字甲编》1585）
>
> 王其乎戍霖（雩）盂，又（有）雨。叀万霖盂田，
>
> 又雨。(《殷墟拾掇一集》385）

前一条卜辞表示必须叫万人出来跳舞，这种语气显示出事情当与祝祷有关；后一条更明确是说叫一个名盂的万人舞雩，会祈来喜雨，这个万人若在田里舞"万"，结果会再次下雨。认为舞"万"就能感动上苍，其魅力在时人的心目中是可想而知的。

"臭味未成，涤荡其声"

有舞就会有歌有乐，这在人类音乐活动的早期更是如此。《吕氏春秋·古乐篇》提到的"葛天氏之乐"，就是"三人操牛尾，投足以歌八阕"。而据记载，殷商文化又是以"尚声"与周人的"尚臭"相区别的：

> 殷人尚声，臭味未成，涤荡其声。乐三阕，然后出迎牲。声音之号，所以诏告于天地之间也。(《礼记·郊特牲》)

这里的"声"，广义地说，可泛指音乐歌舞，具体地说，就应该特指配合舞蹈发出的能够"诏告于天地之间"的声音。《尚书·伊训》提到当时的巫风时称是"恒舞于宫"和"酣歌于室"，也说明巫风还应包括歌曲之盛。

惜年代久远，歌曲失收，殷商时代的诗歌作品所见极少。《吕氏春秋·音初》提到殷商古歌《燕燕》，并记载了关于这首歌产生的传说：

> 有娀氏有二佚女，为之九成之台，饮食必以鼓。帝令燕往视之，鸣若隘隘。二女爱而争搏之，覆以玉筐。

少选，发而视之，燕遗二卵，北飞，遂不反。二女作
歌，一终日："燕燕往飞。"实始作为北音。

殷人"天命玄鸟，降而生商"（《诗经·商
颂·玄鸟》）的信仰前面已多有提及，这段叙述
就是他们这一图腾感生故事的组成部分，二女中
的简狄吞下燕卵，遂有身孕，生下的便是殷人的
父祖契。《燕燕》由此而生，无疑是一首图腾之
歌。那么，当殷人举行祭祖活动时，在每次上演
歌颂玄鸟的图腾之舞时，这首歌必定是要在歌唱
之列了。只是《吕氏春秋》所载只有《燕燕》终
曲中的一句，还很难见其全貌，但四言一句、起
兴抒情的北音特点还是十分清楚的。

还有就是收在其后周人诗集《诗经》中的
《商颂》。《商颂》是否原汁原味的殷商歌曲是要
大打折扣的。据《国语·鲁语》载，今存《诗
经》的商代乐歌乃是经春秋时宋大夫正考父校订
过的："昔正考父校商之名《颂》十二篇于周太
师，以《那》为首。"《史记·宋微子世家》则认
为是正考父所作："（宋）襄公之时，修行仁义，
欲为盟主，其大夫正考父美之，故追道契、汤、

高宗，殷所以兴，作《商颂》"。《毛诗序》又称
正考父从周太师那里得到了《商颂》十二篇："微
子至于戴公，其间礼乐废坏，有正考甫者，得
《商颂》十二篇于周之太师，以《那》为首。"这
些记载都显示出《商颂》与正考父有关，但或
曰"校"，或曰"作"，或曰"得"，其出入可谓
大矣，且关系到它们是商歌还是春秋诗的问题。
说起来，十二篇《商颂》今存《诗经》的只有五
篇，经过春秋人正考父之手是公认的事实；其
中有些诗句也明显带有周文化的色彩，说它们完
全是殷人的原作已不太可能。尽管如此，依殷
人"尊神"与"尚声"的传统及其乐舞之盛，应
该创有大量歌曲，这些歌曲不可能随着殷的亡国
而了无踪影。那么，经殷商后裔正考父之手的
这些祭祖乐歌，就有可能是对他们保存的殷商
旧歌的修订、整理或加工，由此就也可以想见
殷商乐歌的大致风貌。其中开篇《那》与紧随
其后的《烈祖》，作为祭祀列祖列宗的乐歌，相
当典型地反映了"殷人尚声"、先声后味的宗教
礼俗，似乎更多保留了原作的格局。如《那》
唱道：

[原文]　　　　　[今译]

猗与那与，　　　旖旎美盛啊，旖旎美盛！

置我鞉鼓。　　　将我的鞉鼓竖立备用。

奏鼓简简，　　　奏起鼓来，简简谐和，

衎我烈祖。　　　使我列祖神明喜悦。

汤孙奏假，　　　汤王子孙祷告先祖，

绥我思成。　　　祈求先祖赐我大福。

鞉鼓渊渊，　　　鞉鼓之声洪大渊渊。

嘒嘒管声，　　　竹管之声嘒嘒婉转。

既和且平，　　　音调和谐而又适中。

依我磬声。　　　配合我的清越磬声。

於赫汤孙，　　　啊，功德赫赫的汤孙！

穆穆厥声。　　　众乐之声穆穆美盛。

庸鼓有斁，　　　大钟大鼓盛多绎绎，

万舞有奕。　　　干舞、羽舞熟练有序。

我有嘉客，　　　我有嘉客助祭，

亦不夷怿。　　　也都怡悦欣喜。

自古在昔，　　　自古以来，在那往昔，

先民有作。　　先人有所作为。

温恭朝夕，　　温和恭敏，早朝暮参，

执事有恪。　　执行其事，谨小慎微。

顾予烝尝，　　先祖顾念欣享烝尝，

汤孙之将。　　汤孙虔诚奉祀献享。

（今译据袁梅《诗经译注》）

　　该诗自称"汤孙"，称"衎我烈祖"，无疑是在祭祀享乐烈祖商汤时唱的，"衎"，乐也。而歌曲一开始便展示了一个鼓乐齐鸣的盛大场面。乐舞先由鞉鼓开场，鼓声阵阵，动人心魄。接着，管乐奏起，悠扬的旋律回荡在天地之间。参加祭祀的"汤孙"们随着乐声念诵起祷告之辞，祈求先祖永赐洪福。为了让先祖开心满意，这些后代子孙们上演起最为摇荡人心的大型万舞，并用石磬的清越（"依我磬声"）、大钟的共鸣、鼓声的节奏（"庸鼓有斁"）共同烘托出热烈的气氛。用歌乐舞蹈尽享之后，子孙们才奉献上美味佳肴，请列祖悉心品尝。

　　该诗自始至终重在渲染鼓乐之声，歌舞之盛，充满歌舞娱神的巫术气氛，与后来《楚辞·九歌》的迎神曲《东皇太一》颇相类似，的确基本保留了殷商歌曲的原貌。其中提到的万舞，甲骨文中就有记载，已如前述；而该歌舞所配有的乐器，诸如鼓、管、磬、钟等，在大量出土的殷商文物中也都有发现。

富于激情、重在节奏的鼓是上古乐舞必备之声，木鼓由于材料的缘故，今亦不可能见到，但殷商仿木鼓的铜鼓则屡有发现。如日本滨田耕作所著《泉屋清赏》著录有一个**双鸟饕餮纹铜鼓**（彩图28），鼓面有仿鼍皮纹饰，鼓的边缘饰有三列钉纹，表明它是木鼓的仿制品，而它那双鸟的装饰和繁缛的饕餮纹饰，则十分富于殷商特色；湖北崇阳出土的饕餮纹铜鼓，与上述双鸟饕餮纹铜鼓十分相像，也显然是青铜浑铸的木鼓仿制品，可谓国内所存殷商用鼓的实物证明。甲骨文中的"鼓"字写作"𝄹"或"𝄺"，正是此类鼓的象形[5]。

钟在古代器乐中是常常与鼓并称的，《诗经·周南·关雎》"窈窕淑女，钟鼓乐之"即是。以大量青铜礼器著称的殷商，乐钟便是特色之一。湖南宁乡出土的饕餮纹大铙前面已经提及，北京故宫博物院还藏有一件饕餮纹镛，其规模也至为可观，作为单体，它们都是特钟中的佼佼者。更值得注意的是，此时还经出现了成组编钟，常为三个一组，形成一定的音列结构。1953年河南安阳大司空村殷墓就出土了三个铜钟，分大、中、小三型，显然是作为编钟使用的。

传统的器乐石磬此时也有大的发展。河南安阳武官村出土的虎纹大石磬，用大理石制成，整体饰以虎纹，已经异常精美。而且，就像乐钟有了编钟，石磬也有了编磬。现存北京故宫博物院的一组，也为三个，其铭文分别为"永肏""夭余""永余"，正是此类编磬的代表[6]。

此外，《那》中还提到了与"磬声"配合的"管声"。殷商乐舞配用箫管等吹奏乐器，这在被称作"龠祭"的舞蹈那里可略见一斑。据称这是一种边吹奏龠边舞蹈的祭仪，而"龠"分明是一种编管状形如排箫的乐器。殷商常常用"龠"与一种击鼓而舞的"彡"舞配合，所谓彡龠合祭，这种鼓、管合奏并舞的祭祀舞，正可与《那》中的描写相印证。就出土而言，竹制的箫管虽难见到，但同为吹奏乐器的埙，在殷商遗物中就多有发现，且显然也有较大演化。此时的埙仍多为陶制，也有骨制、石制。早期如郑州铭功路出土的陶埙，还仍为一个音孔，埙体尚呈不规则的椭圆形。但晚期如河南辉县琉璃阁墓葬中出土的陶埙，一大两小，都有5个音孔，可发11音，比起早期的埙，已更富于各种音域的表现力；埙体也演变为规则的平底卵形。由此想见其管乐已达编管多音的水平，应该算是不无根据的了。

"女乐"的发现

就这样，音乐歌舞在殷商时代经历了与巫术祭祀活动"联袂同台"的特殊时期，歌乐舞蹈艺术也在这种活动的刺激下空前繁荣，并日臻成熟。与此同时，人神同乐，娱神也娱人，随着时间的推移，淡化神秘色彩，把音乐舞蹈单纯作为美感享受的意识也就在其间不断孕育。殷商墓葬"女乐"的发现，就透露了这种审美现象的消息。

女乐，也就是区别于巫职巫事而专门从事欣赏性音乐歌舞活动的女子，前面在言及夏代末年夏桀之乐时已经提到，但那毕竟只是见于后人的描述，殷商这里则已经有地下出土的确证。1950年河南安阳武官村发掘的殷商大墓中，出土有女性骨架24具，精美异常的虎纹大石磬一面和小铜戈三个，戈上存有绢帛和鸟羽等饰物的残迹，说明这些铜戈当为乐舞道具而非兵器。据推测，这些女性之所以为墓主人殉葬，必因生前有为墓主作乐歌舞的义务，即"女乐"[7]。这种女乐，恐怕就更多的是娱人而非娱神了。女乐作为较巫师更为专门化的乐职人员，上演着更具欣赏性的歌乐舞蹈，自当对声美舞艺的研习更精，对音乐舞蹈的发展起到独特的作用。这意味着音乐舞蹈终将摆脱与巫术活动二位一体或"同台献艺"的格局，独立走向审美的殿堂。

〔1〕 萧兵《从"羊人为美"到"羊大为美"》,《北方论丛》1980年第2期。

〔2〕 参见汪宁生《云南沧源崖画的发现与研究》,文物出版社,1985年版。

〔3〕 参见《中华文明史》第457页,河北教育出版社,1989年版。

〔4〕 参见萧兵《傩蜡之风》第110页,江苏人民出版社,1992年版。

〔5〕 参见《中华文明史》第2卷,第508—514页,河北教育出版社,1989年版。

〔6〕 参见同上。

〔7〕 参见同上。

6

「荒湎于酒」
殷人的酒文化

　　当繁缛神秘的殷商文化成为历史之后，取代他们的西部周人为了控制广大的东方区域，曾大封子弟为诸侯，其中周武王之弟康叔就被封到了殷墟故地，建国卫，都朝歌。按照惯例，封王趋国前，都是要接受当时主事的周公以成王名义所给予的一番训诰的，有趣的是，康王所得的训诰除一般的尚德崇孝保民的教导（《尚书·康诰》）

外，还额外得了一篇特殊的诰辞，这就是《尚书·酒诰》。

《酒诰》一开始就把话说得很明白，你康叔之所以会额外得到这篇东西，就因为你所去的地方不是别处，而是殷商遗民的旧邦，所谓"明大命于妹邦"是也。妹，地名，殷商亡国之君纣所都朝歌以北之地，也是康王要去行教化的地方。而从《酒诰》全文来看，治殷民特别要注意的不是别的，竟然只有一句：勿使臣民"荒湎于酒"。

饮酒在这里已经被强调到关系邦国兴衰的程度。周人的"兴"，是因为从前周时期的周文王开始，就"约法三章"，唯祭祀方可用酒（"祀兹酒"），他当时就已经预感到酒对于凡人来说，百害而无一利，"我民用大乱丧德，则罔非酒惟行"，"小大邦用丧，则罔非酒惟辜"，百姓的昏乱失德，邦国的衰弱灭亡，其全部责任竟非酒莫属。所以周人注意戒酒，"克用文王之教，不腆（厚）于酒"，"故我至于今，克受殷之命"，夺了天下。与此相反，殷人的"衰"乃至"亡"，则是因为"荒湎于酒"，"庶群自酒，腥闻在上，故天降丧于殷，罔爱于殷"。

所以，周公要求康叔到了卫国之后，要严格禁酒，如果遇到"群饮"的情况，决不能放任自流，要"尽执拘以归于周，予其杀"；遇到诸臣"湎于酒"，虽不必杀，但要"教之"，要有此明训以享国。

《酒诰》本是周人的一篇训诰之辞，反映的是周人的文化意识。关于周文化，将是下一章的主题；而这篇诰辞，分明也让人强烈感受到殷人饮食文化的特点所在，这就是怎一个"酒"字了得。

酒器、饮酒与祭祀

酒是从农作物发酵或酿造而来的，它的出现和发达须以农作物的剩余为基础，对它的享用也须以耗用大量粮食为代价。饮酒在中国究竟始于何时，已颇难考证翔实，新石器时代黄河流域和长江流域均有大量出土的陶盉，大汶口遗址又出现了各种兽形觥，就其造型来看，已有可能是最早的酒器。进入夏代的河南偃师二里头文化遗址，出土有各式铜爵，有平底爵、凸底爵，有的流细长，有的流短粗，则基本可断定都是温酒器或饮酒器。《世本·作》有"杜康作酒""少康作醪酒"之说，也恰都出自夏代，应该不无缘故。这说明起码到了夏代，人工酿酒技术已经有了较大提高。

殷商时代，酿酒业更已达到了相当繁荣的程度。这从甲骨文的有关记载中已经可以得到确切的证明。比如甲骨文中屡见的"𩝝"字，据陈梦家先生考订，就是后来古籍中的"糵"字[1]，《说文》训"糵"为"牙米"，即发芽之米，乃酿酒中用来发酵的一种原料，类似后代的酒曲。《天工开物·酒母》有"古来曲造酒，糵造醴"之说，"醴"是一种味甜的薄酒，在甲骨文中也屡有出现，可见"糵"在殷商确已是广为用于酿酒的酒曲之物。卜辞中就多次记录有以糵造醴酒之事，而且专门设有称为"小糵臣"的司掌酿酒之官，更有甚者，有时殷王还亲临酿酒作坊，视察指导：

贞：王往立（莅）蘖黍□？（引自《古文字研究》第四辑）

……乎（呼）[小] 蘖臣？（《乙》2823）

丙戌卜：惟新醴用？惟旧醴用？（《粹》232）

从《粹》文提到的"新醴""旧醴"来看，殷人显然还已懂得用储藏之法而制成更为醇香的"陈年老窖"了。

甲骨文中的"酒"字与"酉"字通用，"酉"写作" "" "" "等形，字像古时酿酒之器，侈口，便于进料；敛颈，可减少酒气外溢；大腹，可增加容量；尖底，便于半埋入地中。《说文》："酉，就也，八月黍成，可为酎酒"，"酎酒"即经过两次以至多次复酿的醇酒，细审其意，"酉"字犹存酿酒、制酒之义；"酉"字用作"酒"义就是由制酒器引申而来。值得注意的是，卜辞中"醴"与"酒"总是分别叙述，互不相混，最大的可能就是与后代一样，在殷商酒与醴也是用不同的方法酿造、有不同的味道的。若依上述"曲造酒，蘖造醴"之说，这种"酒""醴"的分别，也许正暗示了殷人已经发明了用曲酿酒的先进方法[2]。近年河北藁城台西商代遗址曾出土一块重达8.5公斤的酒曲，为这种推测更提供了宝贵的实物证明。

此外，卜辞中还有一酒名曰"鬯"。据后代周文献可知，鬯乃是用黑黍酿成的一种特殊的香酒，这种酒若再与郁金香草所煮的汁水调和，更成一种气味芬芳的酒称"郁鬯"。鬯和郁鬯是殷周时期最高级的酒，多用以祭神，也用于帝王赏赐臣僚，毛公鼎、大盂鼎就都有"赐鬯"的记载。"鬯"在卜辞中的出现，也说明了殷商酿酒所达到的高度水平。

与其酿酒业的繁荣相呼应，殷商时代的用酒之多、饮酒之盛更是令人叹为观止，这从殷商遗址大量出土的酒器上就可见一斑。如前所述，殷商时代的青铜器是极其发达的，而在其出土的青铜器种类中，酒器占了一半以上的比重，种类之多，数量之大，几乎是空前绝后的。而且各种酒器已完全配套，有罍（酿酒器）、壶（贮酒器）、尊（贮酒而备斟之器）、卣（盛鬯备移送之器，彩图29）、盉和斝（均为温酒器）、爵、觚和觯（均为饮酒器，爵兼温酒，觚兼烫酒）、斗（斟酒

器）等[3]，可谓应有尽有。由此不难想见当年殷
商人对酒特殊的钟爱和嗜好。

不过，如果仅仅把饮酒当作殷商人一般的口
福之乐，这似乎就过于简单化了，周人如此忌
讳殷商人的饮酒，甚至到发现聚众饮酒就"杀无
赦"的地步，也不是单纯用反对安逸享乐就能解
释通的。从上述出土的青铜酒器来看，它们大都
做工精细，通体饰有神秘、威严的饕餮之类的兽
面纹，无疑多是被用做礼器的。也就是说，酒在
殷商人的生活中，显然还有着更为郑重的地位。

其实，酒的这种郑重地位在周人的《酒诰》
中已经泄露出来了，这就是"祀兹酒"。殷商人
何尝不是用酒来享神通神的呢，只不过所享所通
的不是周人的神而是殷人的神罢了。一句话，饮
酒之风的盛行，正也是殷人崇事祖神宗教精神的
一种体现。

酒作为一种特殊的饮用之物，其馨香、致
醉、令人迷狂的效力，与神秘的宗教精神正有着
天然的契合。可以想象，在祭神求福的仪式上，
在巫祝施行法术的过程中，酒可助人进入一种想
象、幻觉的状态，促人达到一种极度虔诚、痴迷

的精神境界，从而笃信已经神灵附体，已经与神沟通。这或许就是酒从发现起就首先与巫术祭祀活动连在一起的缘故了。

殷人正是把饮酒与祭祀连在一起的。甲骨文中的许多卜辞，就涉及殷商帝王用酒鬯祭祀祖先的活动。比如：

> 〔丙〕辰卜：羽（翌）丁巳，先用三牢、羌于（与）酉（酒）？用。（《佚》199）

> 癸亥卜，何贞：其登鬯于且（祖）乙，惟羽（翌）乙丑？（《甲》2407）

> 癸卯卜，贞：弹，鬯百，牛百……（《前》5·8·4）

《佚》文卜问的是在举行祭祀时是否先用三牢、羌与酒为祭品以享神，占辞称"用"；《甲》文中的"登鬯"即以鬯酒进献之义，祭祀的对象就是殷人的先王祖乙；《前》文中的"弹"当读为"墠"，是一种在郊外举行的祭祀天地的大典，其中提到"百鬯""百牛"，可见其规模还是相当可观的。

那么，周人所严厉指斥的所谓殷人的"荒湎

于酒"，其潜台词是不是也包含了反对殷人崇事
自己的上帝和祖宗呢？从当时周人极力要排斥
殷人宗教文化的需要来看，这种可能性还是存
在的。

殷人的"酒神精神"

当然，酒也使人放纵、无礼、无畏。正如上述歌乐舞蹈娱神也娱人，人们在用酒祭神祭祖的同时，自己也陶醉在酒的浓郁滋味中，"飘飘欲仙"；进一步发展的结果，就是饮酒作乐，放荡不羁。《酒诰》称殷纣王"纵淫泆"，"不惟（思）自息乃逸"，甚至到了"厥心疾狠，不克畏死"的地步；《史记·殷本纪》更载他"大冣（聚）乐戏于沙丘，以酒为池，县（悬）肉为林，使男女倮（裸）相逐其间，为长夜之饮"，这虽只是殷商王室纵酒狂欢的一种极端表现，但也多少折射出殷人嗜酒之风的某种状态。

现在看来，殷商审美文化的神秘色彩，包括

关于至上神的系统传说、丰富的想象故事，还有狂热甚至野蛮的巫风习俗，都与这种类似于希腊酒神崇拜的纵酒狂放所造就的精神状态不无关系。与此同时，酒也强化了人们对味觉享受的快感体验，这就为后来"美"与"味"的联姻作了铺垫。这只要从凡以"酉"为部首的字均与美感有关，诸如酣畅、醇美、沉醉等等，就不难看出酒文化在审美文化发展史上曾经发挥的特殊效应。

然而，殷人却为酒付出了亡国的代价，起码周人的《酒诰》是这么说的。不用说，这只能算是一面之词，殷商亡国的因素决不会如此简单。不过，如果把以宗教精神为基础的酒文化作为殷商人审美文化特征的一个符号，把《酒诰》作为周人从这种"殷鉴"中得出的理性认识，这种转换倒不失为一个巧妙的象征，"德将无醉"的周代礼乐文化，的确从此便走向了斯文和典雅。

〔1〕 《殷墟卜辞综述》，转引自温少峰等《殷墟卜辞研究》第363页，四川省社学科学出版社，1983年版。

〔2〕 参见温少峰等《殷墟卜辞研究》第368页，四川省社会科学出版社，1983年版。

〔3〕 参见《中华文明史》第2卷，第185页，河北教育出版社，1989年版。